B I B L I O T H E C A
SCRIPTORVM GRAECORVM ET ROMANORVM
T E V B N E R I A N A

BT 2027

LVCIVS ANNAEVS CORNVTVS

COMPENDIVM DE GRAECAE THEOLOGIAE TRADITIONIBVS

RECENSVIT

JOSÉ B. TORRES

DE GRUYTER

ISBN 978-3-11-035033-3
e-ISBN (PDF) 978-3-11-035044-9
ISSN 1864-399X

Library of Congress Control Number: 2018958039

Bibliographic information published by the Deutsche Nationalbibliothek
The Deutsche Nationalbibliothek lists this publication in the Deutsche Nationalbibliografie; detailed bibliographic data are available on the Internet at http://dnb.dnb.de.

Printing: Hubert & Co. GmbH & Co. KG, Göttingen

www.degruyter.com

G. W. MOST ATQVE P. KRAFFT DICATVM

HOC LIBRO CONTINENTVR

PRAEFATIO

Iam abhinc plus quam centum annis, Carolus Lang primam apud domus Teubnerianas emisit editionem mythographici opusculi quod Latine saepe *De natura deorum*, hic autem *Compendium de Graecae Theologiae traditionibus* inscriptum est, porro ἐπιδρομὴ τῶν κατὰ τὴν ἑλληνικὴν θεολογίαν παραδεδομένων in lingua Atheniensium[1]. Idem nunc denuo editur et non sine causa, sicut breviter illustrabo. Nostri libelli scriptor fuit Lucius Annaeus Cornutus, clarissimus vir primi saeculi post Christum natum, cuius litterarum praestantiam maximis laudibus inter alios Aulus Gellius atque Cassius Dio ornaverunt[2].

Tamen identidem expostulatum est easdem laudes parce congruere cum dubio merito *Compendii*, solius Cornuti operis servati. De eiusdem libri 'sterilitate' querebatur iam Otto Jahn anno 1843, cuius sententia, a compluribus aliis eruditis sequiore tempore pervulgata, hic non reiterabitur[3]. Non est hoc quidem opus calamo adeo acuto exaratum ut ob suam doctrinam atque elocutionem egregium locum adeptum sit inter philosophica mythologicave volumina. Nam plurimi sane auctores, inter quos Lucius Annaeus Seneca[4] numeratur, iam inde antiquitus allegoricas explanationes Cornutianis similes spreverunt. Profecto quoque huius modi interpretationes videntur a nostri aevi mente admodum longinquae.

At tamen oportet prae oculis habere non solum quanti pependerint Stoici (praeter Senecam) allegoriam, sed etiam quam crebro ea Christiani scriptores usi sint, facilius reddentes veterem paganitatem in novos utres mitti ac usurpari, dehinc tales Graecos Romanosque thesauros in Christiana Media Aetate sicut proprios custodiri. Cuius exemplum inspiciendum est potissimum in *Comoedia* quam Dantes Aligherius composuit et *Divinam* Ioannes Boccacius appellavit. Ad hoc etiam propositum magni refert memorare quod

1 Vid. C. Lang, *Cornuti Theologiae Graecae Compendium recensuit et emendabat...*, Lipsiae, 1881.
2 Vid. Gell. 2,6,1; D. C. 62,29,2.
3 Vid. C. Lang, op. cit., vi–vii.
4 Vid. Sen., *Ep.* 88,5.

Porphyrius Neoplatonicus affirmavit iuxta Eusebii *Historiam ecclesiasticam* (6,19,8): Origenen Adamantium ex Cornuto ipso sumpsisse Sacrae Scripturae explanandae lineamenta, quae allegorice interpretandi modum futuris saeculis tradidit.

Paucis de merito opusculi nostri explanatis, breviter disseram oportet de eius textus historia et huis editionis opportunitate. Apud litteris praeditos doctosque necessarie viget adhuc hoc tempore textus Cornuti supra notatus quem edendum curavit Carolus Lang anno 1881 (vid. adn. 1), aperte auctior quam textus a Friderico Osann anno 1844 paratus[5], cuius ratio edendi longe distat ab methodo textus critice constituendi quae posterius pro idonea habita increbuit. Dici autem oportet non paucos apud litteratissimos saepe notavisse Langianae editionis vitia. Vix opus est ut moneam hunc eruditum aliquos codices nobis nunc patentes[6] ignoravisse, cum ipse iam sciret quae manuscripta praestantissima essent ad Cornuti textum edendum, etsi pondus eorum non semper accurate aestimavisset. Magno tamen incommodo lectorem ipsius editionis afficit copia mendorum quorum diversam indolem (locos depravatos, omissiones, non satis fundatas emendationes) iam alibi fusius explanavi et huc non revocabo[7].

Nemo dubitat quin, cum Lang manuscripta conferret et textum recenseret, tales labores quidem molestiores essent quam nostra in digitali quam vocant aetate, cum facilius factum est editori arcessere lucis ope imagines codicis paene cuiusque pertinentis, sicut habenti ante oculos exemplaria et ipsos libros revolventi. Quorum subsidiorum egestas verisimiliter ipsi incommodo fuit. Tamen critica arte non semper curatissime usus est et interdum non satis recte perpendit textus nostri auctoris traditionem.

Cornuti manuscripta Carolus Lang divisit in classes tres, *a*, *b* et *c*, quarum *a* potissima, *c* autem deterrima. Insuper opusculi tra-

5 F. Osann, *L. Annaeus Cornutus de natura deorum ex schedis Johannis Bapt. Casp. d'Ansse de Villoison*, Gottingae, 1844.

6 Vide illos quibus hic numeri 3, 7, 12, 27, 28, 30, 33, 35 atque 38 adsignantur.

7 Vid. J.B. Torres, "Hacia una nueva edición crítica del manual mitológico de Cornuto", *Aitia. Regards sur la culture hellénistique au XXI*[e] *siècle* 8.2 (2018).

ditionem egregie inquisivit Petrus Krafft et copiose explanavit in suo libro anno 1975[8], satis commonstrans omnes codices oriri uno ab archetypo (ω)[9], inter saec. IX et XIII exarato, compluribus mendis iam abundanti, ex quo tantum duo hyparchetypi, *a* et δ, defluunt (vid. stemma 1 in p. XXVI):

- Sane recte Lang intellexit classim *a* praestantissimam, falso autem putavit in eadem primum locum habere codices P (Parisinum gr. 2720: hic n. 2) et M (Montepessulanum Sch. Med. H 422: n. 4), cognationem inter P, M atque V haud probe aestimans. Etenim nunc pro certo habemus P et M deductos esse ex V (Vaticano gr. 942: n. 1) per alteram manum (V) quae potiores deprompsit lectiones ex quodam codice extra archetypum nunc deperdito (Ξ)[10]. Alii codices sunt etiam classis *a* suboles: r (Vratislavensis Rehdig. gr. 26: n. 7), tantum pusillus palimpsestus, x (Baroccianus gr. 131: n. 6), etiam fragmentarius, et L (Laurentianus plut. 57 cod. 24: n. 5), de quibus infra vide[11].
- Stemmatica principia autem non secutus methodo deficiente, Lang non intellexit suas classes *b* et *c* ex uno hyparchetypo δ ductas esse[12]. Ex δ etiam exorti sunt postea duo codices nunc deperditi, quantum coniectura consequitur, *b* et φ, et unus exstans solivagus, m (Ambrosianus gr. 110: n. 8), cuius praestantiam Lang praeterivit etsi non ignarus de eo in Ambrosiana Bibliotheca servato; eundem enim inter illos ex *c* ductos inclusit numerum 24 ei tribuens[13]. Neque ipse animadvertit potius in *b* testimonium non B (Laurentianum plut. 60 cod. 19: n. 14) neque G (Baroccianum gr. 125: n. 17) esse sed Z (Neapo-

8 Vid. P. Krafft, *Die handschriftliche Überlieferung von Cornutus' "Theologia Graeca"*, Heidelberg, 1975. Vid. etiam huius operis iudicia a S. Bernardinello (*Scriptorium* 33, 1979, 130–132), R. Browning (*Classical Review* 28, 1978, 152–153), P. Canart (*Gnomon* 51, 1979, 385–388) et J. Mossay (*L'Antiquité Classique* 47, 1978, 630–632) scripta.

9 De ω vid. Krafft, op. cit., 324–325, 327–330. Haec editio semper siglis utitur quae Krafft (op. cit.) statuit.

10 Vid. Krafft, op. cit., 192–198, 204–211, 327–330.

11 Vid. Krafft, op. cit., 187–192, 198–204, 211–212, 323–324.

12 Vid. Krafft, op. cit., 186, 214–215, 255–256, 323–324.

13 Vid. Lang, op. cit., XVI; Krafft, op. cit., 3–7, 319–322.

litanum borbon. II.E.4: n. 9), quem codicem tantum per notitias a bibliothecario quodam Neapolitano oblatas cognovit; quae cum ita sint etiam dicendum est Lang codicis Z pondus aliter recognovisse cum auctoritatem tribuit manuscripto N (Vaticani gr. 1385: n. 11), codice ex Z ducto[14]. Langianum genus *c* cum manuscriptis ex *φ* ductis congruit, non autem editor notavit praeter Q (Laurentianum plut. 31 cod. 37: n. 19) omnes codices huius generis ex C (Vaticano gr. 1314: n. 20) directe aut per alia manuscripta oriri[15]. In *c* etiam distinxit classem alteram *β*, quod totum tamen subgenus, ex quo textus principis editionis (Ald), unius coniecturalis codicis deperditi *κ* subolem esse nunc pro certo habemus (vid. ad P, n. 31, stemmaque 2 in p. XXVII)[16].

Accedamus nunc quoddam ad offendiculum non parvum et saepius notatum, in grave discrimen fiduciam adducens Langianae laboris[17], nempe quod idem plurimos locos designaverit interpolatos futili fundamento innisus. Etenim in Cornuti textus traditione quidem veras interpolationes eruditi dispicere possunt, exempli gratia in fine capitis 2, ubi codex G alia verba non alibi testata et 27 lineas nostri critici apparatus complectentia, post πῦρ εἰσιν (2,16) addit[18]. Praeter eas perspicuas interpolationes autem Lang plurimas quoque verborum iuncturas atque sententias, etsi in testibus omni tempore traditas, respuit et seclusit sicut originali Cornutiano operi additas. Hoc modo Lang studuit ut *Graecae*

14 Vid. Krafft, op. cit., 105–109, 227–228, 230–231, 321.

15 Vid. Krafft, op. cit., 137–142, 252–255, 307–313.

16 Vid. Krafft, op. cit., 256–257, 300–307.

17 Vid. e. g. A.D. Nock, "Kornutos", *Paulys Realencyclopädie der classischen Altertumswissenschaft* Suppl. V (1931), 995–1005 (cf. 998); G.W. Most, "Cornutus and Stoic Allegoresis: A Preliminary Report", *Aufstieg und Niedergang der römischen Welt* II 36.3 (1989), 2014–65 (cf. 2015–2016); F. Berdozzo, "Einführung", in H.G. Nesselrath (ed.), *Cornutus. Die Griechischen Götter: ein Überblick über Namen, Bilder und Deutungen,* Tübingen, 2009, 3–28 (cf. 18–19). De hac re videre poteris etiam librum qui nondum apparuerat cum haec scribebantur: G. Boys-Stones, *L. Annaeus Cornutus: The Greek Theology, Fragments and Testimonia,* Atlanta, 2018.

18 Vid. in huius editionis paginis 2–3 et Krafft, op. cit., 22.

Theologiae Compendium ad pristinam eius formam redigeret, expertem additamentorum quae opusculo sterilitatis famam tribuerunt sed veri similiter iam inerant archetypo[19]. Primam illius generis suspectarum interpolationum invenies in capite 2 (2,13–14), ubi Lang uncis inclusit καὶ ἡ γενικὴ πτῶσις ἀπ' αὐτῆς ἐστι Δεός, παρακειμένη πως τῇ Διός. Sit enim hoc unum lectori exemplo zeli incusatorii inter alia multa quibus vetus Teubneriana scatet.

Ceterum Bruno Schmidt in sua inaugurali dissertatione anni 1912 modo certo demonstravit plerasque interpolationes a Lang agnitas cum Cornuti usu dicendi in ceteris partibus *Compendii* congruere[20]. Quae cum ita sint, ipse Schmidt alia nonnulla brevia subditiva in textu notavit, inter quae sufficiat exempli gratia dici φυσιιδίων in hac etymologia: Ποσειδῶν δέ (…) λόγος καθ' ὃν ἰδίει ἡ φύσις [φυσιιδίων] ἐστίν (4 [4,1])[21], ubi φυσιιδίων glossa ad ἰδίει ἡ φύσις aestimanda est. Huius generis autem marginalia in textum illapsa a crebris sunt discernenda interpolationibus quas Lang suspicatus est.

Attamen, antequam interpolata in *Compendio* inquiras, magis tua referre poterit excogitare quid restituere ac edere velis, utrum archetypum an ipsissima verba Cornuti. Quorum alterum consilium quidem arduum, alterum autem fortasse est irritum, cum nostrum opusculum saepius per saecula antiquitus propter eius mythographicam atque in scholis utilitatem et fructum transcriptum sit, supervisione omissa qua, exempli gratia, scripta quae sacra vocant, fruuntur.

Huic autem perdifficili quaestioni lucem proferre, ut opinor, potest similitudo quaedam cum *Catasterismis* sub Eratosthenis nomine ad nostram aetatem servatis, quos multi adhuc sicut pseudoepigraphicum opus legerunt. Hi autem nunc putantur germanum opus illius largi scriptoris, etsi in sua transmissione primigenius

19 Vid. adn. 3 necnon B. Schmidt, *De Cornuti compendio capita duo*, Hallis Saxonum, 1912; Most, art. cit., 2015; Berdozzo, art. cit., 17. Multas in Langiana editione signatas interpolationes iam Schmitt-Blank notaverat (vid. J.C. Schmitt-Blank, "Zur Texteskritik des Cornutus", *Eos: Süddeutsche Zeitschrift für Philologie und Gymnasialwesen* 1 (1864), 92–102, 526–548).

20 Vid. Schmidt, op. cit., 3–21.

21 Vid. Schmidt, op. cit., 20–21. Eadem verba quoque Lang uncis inclusit.

textus multas atque diversas corruptelas immutationesque graviter subiverit. Fortasse haud secus *Compendium* examinandum est. Quapropter, si ignoramus quatenus cum originalibus Cornuti verbis concinat quod sub nomine eius in codicibus legitur, satis habemus temptare meliorem, quantum fieri potest, *Compendii* textum constituere. Nostra sententia is 'melior, quantum fieri potest, textus' saltem in Medii Aevi archetypo, per manum V saepe emendato, inveniri potest. Ideo frequens in interpolationes detegendas studium, nempe dubia via quae pristinam *Compendii* formam recipere volebat, reiicendum est. Dum novi testes non reperti fuerint, illa prisca textus forma – pro dolor – non recipi poterit.

Summatim dicatur textus a Carolo Lang conditus variis et diversis mendis squalere et idcirco emendandus esse. Quae emendatio profecto novam *Compendii* editionem requirit, quae gravius remedium afferet quam huius saeculi reimpressionibus allatum[22]. Nunc recensentur omnia testimonia quibus haec labor niti potuit. Rationes de opusculi traditione a Krafft pro certo positae passim sumuntur.

A. TRADITIO MANVSCRIPTA EDITIOQVE PRINCEPS[23]

1. Vaticanus gr. 942 (3 Lang) = V. Chartaceus. Saec. XIV (inter 1327–1341). Mythographicis ignoti auctoris excerptis praecedentibus, Palaephati *De incredibilibus* opere sequenti, hic codex continet, inter ff. 93r et 109r textum Cornuti exorientem, sicut in L (n. 5), ex *λ*, ex hyperarchetypo *a* ducto, et excellit ad *Compendium* constituendum quia, sicut iam supra dictum, in eo altera manus (V) saec. XV multa emendavit et supra lineas vel in margine lectiones adscripsit quas ex codice quodam

22 Vid. I. Ramelli (ed.), *Anneo Cornuto. Compendio di teologia greca*, Milano, 2003; Nesselrath, op. cit.; P. Busch et J.K. Zangenberg (edd.), *Lucius Annaeus Cornutus. Einführung in die griechische Götterlehre*, Darmstadt, 2010.

23 De coniectaneo saeculi XIV codice, in quo Cornuti operae nomen Περὶ ἀλληγοριῶν erat, et de huius notitiae relatione cum Vaticano gr. 1314 (n° 20), vid. Krafft, op. cit., 317–318. De prima editione inter codices inclusa, vid. ad n° 41.

extra archetypum (Ξ) deprompserat. Hae correctiones saepe λ emendant atque cunctae traditionis textum[24].

2. Parisinus gr. 2720 (1 Lang) = P. Chartaceus. 1480–1493. *Compendium* inter ff. 62r et 81v; Palaephati opusculum hoc manuscriptum etiam includit. Hic P, sicut M (n. 4), apographus est Vaticani gr. 942 (n. 1). Eius lectiones in critico apparatu notatae ex Lang vel Krafft depromptae sunt[25].
3. Angelicanus gr. 54 = A; apud Langianos codices non laudatur. Chartaceus. 1493. Apographus Parisini gr. 2720 (n. 2). Fragmentum Cornuti (ex ⟨δυνα⟩στεύεται, 25,14, usque ad finem operis) inter ff. 1r et 15r continetur, postea Palaephati *De incredibilibus*. In critico apparatu non laudatur[26].
4. Montepessulanus Sch. Med. H 422 (2 Lang) = M. Chartaceus. 1489–1511. *Compendium* inter ff. 1r et 30v invenitur, cetera folia codicis Palaephati opus complectuntur. Haud secus ac P (n. 2), M est quoque apographus Vaticani gr. 942 (n. 1). J. Bouhier (1673–1746) in M correctiones variasque lectiones adiunxit (M) ex quodam manuscripto ex κ (cf. ad n. 31) efluente assumptas. Lectiones huius codicis in critico apparatu notatae ex apparatu a Lang confecto vel ex Krafft depromptae sunt[27].
5. Laurentianus plut. 57 cod. 24 (4 Lang) = L. Codex partim bombycinus, partim chartaceus, saec. XIV (1328–1330?), Cornuti opus continet inter ff. 158r et 175r. Cum L tum V (n. 1) ex λ, codice familiae *a* deperdito, procedunt. Idcirco L non minimam auctoritatem habet ad Cornutum edendum. Dolendum autem sane est quod madida calamitas quindecim primos versus cuiusque folii livit vel erasit[28].
6. Baroccianus gr. 131 (5 Lang) = x. Bombycinus. 1275–1300. *Compendium*, inter ff. 64v et 70r scriptum, usque ad caput 19 (29,8: ἀποτελεῖ) pervenit. Hic est vetustissimus testis nostri

24 De V, vid. Krafft, op. cit., 132–137, 187–188, 204–211, 327–330. Iuxta Canart (art. cit., 387), codex Ξ forsitan evanuit cum Turcae Constantinopolam anno 1453 expugnavissent.

25 Vid. Krafft, op. cit., 114–118, 192–194.

26 Vid. Krafft, op. cit., 11–14, 194–195.

27 Vid. Krafft, op. cit., 103–104, 195–197.

28 Vid. Krafft, op. cit., 51–55, 187–188.

operis una cum Vratislavensi Rehdig. gr. 26 (n. 7). x, *λ* et r directe ex optimo hyparchetypo *a* procedebant (vid. stemma 1). Postea duae aliae manus (x et x) textui intervenerunt[29].

7. Vratislavensis Rehdig. gr. 26 = r; apud Lang non citatus, est codex membranaceus et rescriptus, cuius textus prior XI saeculo, posterior autem primo dimidio saeculi XIII exaratus est. Hic difficilis lectu palimpsestus parvum Cornuti fragmentum in f. 119v servat, ex Ὁ οὐρανός (1,4) usque ad χαίρουσαν (4,17). Propter codicis mutilam indolem verba inter γινομένων (2,5) et πῦρ εἰσιν (2,16) desunt[30].
8. Ambrosianus gr. 110 (24 Lang) = m. Chartaceus. Saec. XIV (ca. 1350). Cornuti opusculi prima pars, ex θεοὺς (2,1) usque ad πυρὶ καὶ (9,8), inter ff. 89v et 91v continetur; deinde secunda pars, ex συγγενόμενος, (14,16) usque ad ἀμφότεροι (32,5), inter 92r et 97v. Sicut iam supra dictum, m ex *δ* emanat directe et sine vinculo cum *b* aut *φ* (vid. stemma 1). Codex m saepe cum Z (n. 9) et Q (n. 19) congruit, quae manuscripta fidelissimam suorum antecessorum *b* et *φ* imaginem imitantur. Ideo retinendum est m optimum testimonium subarchetypi *δ* esse cuius textum ad pedem litterae exscribere conatur coniecta ulla non addens[31].
9. Neapolitanus borbon. II.E.4 (10 Lang) = Z. Chartaceus, saec. XIV, complectens Cornuti *Compendium* inter ff. 131r et 156r, postea Palaephati *De incredibilibus* sicut paene semper in quibuscumque codicibus exoriuntur ex *b*. Z optimam imaginem manuscripti *b* deperditi, ex hyparchetypo *δ* procedentis, praebet[32].
10. Venetus gr. 864 (11 Lang) = E. Chartaceus, saec. XIV, continens *Compendii* textum, Palaephato sequenti, inter 104r et 122v, est apographus codicis Z (n. 9), quapropter paene nihil auxilii

29 De x, vid. Krafft, op. cit., 22–26, 198–202; N.G. Wilson, "The Date and Origin of Ms. Barocci 131", *Byzantinische Zeitschrift* 59 (1966), 305–306.

30 Vid. Krafft, op. cit., 178–180.

31 Vid. Krafft, op. cit., 3–7, 319–322.

32 Vid. Krafft, op. cit., 106–107, 109. Vid. etiam Lang, op. cit., XIV, XVIII.

praestat ad textum restituendum. Si qua eius lectio hic laudatur, ex Krafft deprompta est[33].

11. Vaticanus gr. 1385 (7 Lang) = N. Chartaceus, inter annos 1476 et 1503 scriptus, *Compendium* inter 1r et 52v continet, Operibus Pediasimi *De Herculis duodecim certaminibus* et Palaephati *De incredibilibus* sequentibus. N, haud secus ac E (n. 10), est apographus Neapolitani Borbon. II.E.4 (n. 9). Sed hic codex tres posteriores manus praebet quarum N et N alicuius momenti sunt. N primum textum emendavit ex comparatione cum aliquo manuscripto ducto ex θ qui deperditus est textus exoriens ex σ, coniecturali codice ex π, quasi supposito fratre codicis Z (n. 9), ducto (vid. stemma 1). N emendavit priores manus ad imaginem cuiusdam deperditi codicis provenientis ex τ, quod manuscriptum sicut θ ex σ pendet[34].
12. Matritensis 4808 = T; inter Langianos codices non laudatur. Chartaceus, ca. 1500. Scriba qui T confecit postea etiam A (n. 13) minore cura exaraverat ex eodem deperdito manuscripto ρ, qui codex sicut σ ex π pendet (vid. stemma 1). In T Cornuti textus inter ff. 113r et 157v legi potest post Palaephati et Pediasimi opuscula[35].
13. Ambrosianus gr. 548 (14 Lang) = A. Chartaceus, ca. 1500 exaratus, praebens *Compendium* in ff. 1r–45r, ex quibus constat totus codex in Cornutum insumptus. Ceterum A et T manuscripta sola ex deperdito codice ρ fluxerunt[36].
14. Laurentianus plut. 60 cod. 19 (8 Lang) = B. Membranaceus, secundi dimidii saec. XV, *Compendium* inter ff. 7v et 41v continet; antea Pediasimi, postea Palaephati textus includuntur. Aliquibus secundi quaternionis foliis deperditis, ceteris postea non recte insertis, sequentia in qua opusculum legitur turbata est: duae opusculi partes, 6,10–12,6 et 15,7–21,2, evanuerunt;

33 Vid. Krafft, op. cit., 162–166, 228–230.

34 De N, vid. Lang, op. cit., XI–XII; Krafft, op. cit., 142–148, 216–217, 222, 227–228.

35 De T, vid. Krafft, op. cit., 87–91, 226; G. de Andrés, *Catálogo de los códices griegos de la Biblioteca Nacional,* Madrid, 1987, 420–422. De scriba qui N, T et A^m confecit, vid. Canart, art. cit., 386.

36 Vid. Krafft, op. cit., 7–11, 226.

textus qui in nostra editione inter 12,6 et 15,7 praesto est hoc in codice legitur inter ff. 16r et 17v, post γυναῖκα· καὶ (29,2), quae verba nunc inveniuntur in manuscripto in f. 15v. Duas manus posteriores, B et B, codex praebet. Praeter sua vitia B maximi ponderis est ad *θ* cognoscendum[37].

15. Venetus gr. 1006 (12 Lang) = F. Membranaceus. 1450–1500 (1476–1506?). Cornuti libellus inter ff. 54r et 74v invenitur, Pediasimo praecedenti Palaephatoque sequenti sicut in omnibus manuscriptis ex *θ* derivatis. Sicut B (n. 14), o (n. 16) et N (cf. n. 11), F procedit ex codice *θ*, ad cuius redintegrationem interdum adiuvat. Lectiones codicis F in critico apparatu inclusae ex Krafft haustae sunt[38].
16. Baroccianus GR. 72 (25 Lang) = o. Chartaceus. Saec. XVI ineuntis. Tantum servatur *Compendii* fragmentum, quod in f. 95v (Ὁ οὐρανός: 1,4) incipit et in f. 104v (ἴδιον: 18,5) explicit. Codex o ex *θ* sicut B et F procedit, non directe secundum Krafft sed per quendam intermissum manuscriptum deperditum[39].
17. Baroccianus gr. 125 (9 Lang) = G. Chartaceus. Ca. 1550. Cornuti opusculum inter ff. 92v et 117v includitur; Pediasimus et Palaephatus etiam in hoc codice insunt. G ex *σ* exstitit, non autem ex *θ* sicut BFo. G exoritur ex deperdito codice *τ*, fratre manuscripti *θ* (vid. stemma 1), ex quo etiam R (n. 18) et N (cf. n. 11) ducti sunt. Tantum G tamen variationem capitis 2 post πῦρ εἰσιν (2,16) inserit[40].
18. Berolinensis gr. qu. 9 (6 Lang) = R. Chartaceus. Saec. XV. Ob aerumnas Secundi Belli Orbis Terrarum deperditus, nobis autem codex notus est per testimonia collationesque eruditorum. Etenim inventus est a Christiano Rave alicubi in partibus Orientis et inspectus anno 1642 a Patricio Young, qui varias eius lectiones in Gottingensi exemplari Clauseri editionis (Gottingensi philol. 93 a) adnotavit. Codex Berolini denuo repertus

37 Vid. Krafft, op. cit., 60–65, 221–222.
38 Vid. Krafft, op. cit., 170–174, 221–222.
39 Vid. Krafft, op. cit., 14–19, 223.
40 Vid. Krafft, op. cit., 19–22, 215.

est a Carolo Boysen, qui anno 1884 eum iterum comparavit et descripsit docens Cornuti opus inter ff. 18 et 33 infuisse[41].

19. Laurentianus Plut. 31 cod. 37 (15 Lang) = Q. Chartaceus. 1300–1350. Cornutus inter ff. 347r et 366v legitur. Ut iam supra dictum ad m (n. 8), Q ex φ procedit et sui antecessoris fidelissimam imaginem praebet (vid. stemma 1)[42].
20. Vaticanus gr. 1314 (20 Lang) = C. Chartaceus. Ca. 1449. Cornuti opusculum inter ff. 191r et 209v praebens, ab Andronico Callisto erudito exscriptus est. Etsi C minoris est auctoritatis quam Q (n. 19) ad φ restituendum, ipse codex tamen non parum interest ad *Compendii* textus perscrutandam historiam, cum ceteri viginti Cornuti codices infra recensiti, nempe dimidia pars eius totius traditionis, directe vel indirecte ex ipso originem ducant (vid. stemma 2 in p. XXVII)[43].
21. Venetus gr. 770 (18 Lang) = V. Chartaceus. Ca. 1450. Post C scriptus, Cornuti *Compendium* inter ff. 145r–162v complectitur, a Michaelo Apostolario exaratus. Si qua lectio huius codicis laudatur, ex Krafft deprompta est[44].
22. Venetus gr. 924 (19 Lang) = Y. Chartaceus. Inter 1449–1468 a Demetrio Tribole exscriptus. *Compendium* inter 107r et 123r legitur. Si qua lectio huius codicis laudatur, ex Krafft ducta est[45].

41 De R, vid. C. Boysen, "Zur Handschriftenkunde des Cornutus und Palaephatus (cod. Ravii)", *Philologus* 42 (1884), 285–308; Krafft, op. cit., 27–29, 215, 335–337. Vid. etiam C. Clauser, *Cornuti sive Phurnuti de natura deorum gentilium commentarius, e Graeco in Latinum conuersus,* Basileae, s. d. [1543].

42 Vid. Krafft, op. cit., 41–45, 252–255, 307–313.

43 Vid. Krafft, op. cit., 137–142, 252–255, 307–309. De Andronico Callisto, vid. A. Perosa, "Inediti di Andronico Callisto", *Rinascimento* 4 (1953), 3–15; J. Monfasani, *Byzantine Scholars in Renaissance Italy: Cardinal Bessarion and other émigrés: Selected Essays,* Aldershot, 1995, XII 396–397. De aliis humanistis qui postea ex C (n° 20) Cornuti textum in codicibus qui hic numeros 21–40 habent reproduxerunt, vid. J. Harris, *Greek Emigres in the West, 1400–1520,* Camberley, 1995; N.G. Wilson, *From Byzantium to Italy, Greek Studies in the Italian Renaissance,* Baltimore, 1992; T. Martínez Manzano, "Un copista del lustro boloñés de Besarión: el *Anonymus LY*", *Νέα Ῥώμη* 10 (2013), 211–243.

44 Vid. Krafft, op. cit., 158–162, 279–281.

45 Vid. Krafft, op. cit., 166–170, 282–283.

23. Laurentianus plut. 58 cod. 13 (17 Lang) = L. Membranaceus. A. 1491 a Ioanne Rhoso exaratus. L Cornuti textum inter ff. 1r–30v continet. Si qua lectio huius codicis citatur, ex Krafft exoritur[46].

24. Matritensis 4628 (21 Lang) = H. Chartaceus. Inter 1466–1501 exscriptus. Cornutus, a Constantino Lascari exaratus, inter ff. 1r et 31v continetur. Codices H, V, Y et L (nn. 21–24) omnes directe ex C (n. 20) originem ducunt. Ex H autem maximus codicum numerus (pDSSJd, nn. 25–30) directe aut indirecte nascitur (cf. stemma 2); vid. etiam ad D (n. 26) et J (n. 29)[47].

25. Parisinus gr. 2551 (26 Lang) = p. Chartaceus. Inter 1492–1519. Cornuti fragmentum, usque ad ἐνῆφθαι (41,20), inter ff. 47r et 56v continet, Palaephatum etiam complectens. Si qua lectio huius codicis laudatur, ex Krafft deprompta est[48].

26. Leidensis BPG 67.E (23 Lang) = D. Chartaceus. Ca. 1500. Cornuti textus inter ff. 1r et 33r inest. Krafft suasore, D ex H (n. 24) indirecte exoritur per coniecturalem codicem ψ. In critico apparatu non refertur[49].

27. Salmanticensis Bibl. Univ. 285 = S; apud Lang non commemoratur. Chartaceus. Ca. 1500. Hic S, sicut D (n. 26) et deperditus ζ (cf. ad n. 29), ex H (n. 24) per ψ exoritur (cf. stemma 2). *Compendium* inter ff. 63v et 107v, ab Emmanueli Gregoropoulo exscriptum. Cum aliqua lectio huius codicis laudatur, ex Krafft provenit[50].

46 Vid. Krafft, op. cit., 55–60, 277–279.

47 De H, vid. J.M. Fernández Pomar, "La colección de Uceda y los manuscritos griegos de Constantino Láscaris", *Emerita* 34 (1966), 211–288 (cf. 286); Krafft, op. cit., 82–87, 283–300; Andrés, op. cit., 150–151. Vid. etiam J.M. Fernández Pomar, "La colección de Uceda de la Biblioteca Nacional. Nueva edición del catálogo de manuscritos", *Helmantica* 27 (1976), 475–518.

48 Vid. Krafft, op. cit., 109–113, 284–286.

49 Vid. Krafft, op. cit., 65–70, 283, 289, 294.

50 De S, vid. A. Tovar, *Catalogus codicum Graecorum Universitatis Salmantinae*, Salamanca, 1963, 68–70; Krafft, op. cit., 127–132, 283, 287–289; T. Martínez Manzano, "Encuadernaciones bizantinas de la Biblioteca Universitaria de Salamanca", in Chr. Brockmann *et alii* (edd.), *Handschriften- und Textforschung heute. Zur Überlieferung der griechischen Literatur*, Wiesbaden, 2014, 239–260 (cf. 257–259).

28. Londinensis Mus. Brit. Addit. 18 775 = S apud Lang non laudatur. Chartaceus. Inter 1573–1585 a Ioanne a Sancta Maura exscriptus, est apographus codicis S (n. 27), Cornuti *Compendium* inter ff. 1r et 69r praebens[51].
29. Parisinus gr. 3052 (22 Lang) = J. Chartaceus. Inter 1470–1530. Cornuti textus inter ff. 46 et 90 legitur. Hic J et d (n. 30) ex ψ per coniecturalem manuscriptum ζ originem ducunt. Si qua lectio huius codicis laudatur, ex Krafft exsistit[52].
30. Dublinensis coll. trin. 373 = d; apud Lang non laudatur. Chartaceus, cuius pars prior secundi dimidii saec. XVI, pars posterior saec. XV est. Cornuti fragmentum, ex αὐτοῦ ἐστι (18,5) usque ad διὰ τὸ (41,1), protentum est per utramque partem, inter ff. 99–102 per alteram et 103–118 per alteram. Hic d, sicut J (n. 29), exoritur ex ψ per ζ. Etsi codex descriptus, tamen d non est spernendus propter d, posteriorem manum, conferentem priorem codicis textum cum τ (cf. ad n. 17). Lectiones huius codicis ex Krafft depromptae sunt[53].
31. Parisinus gr. 2860 (29 Lang) = P^a. Secundi dimidii saec. XV. Chartaceus. Cornutum inter ff. 86r et 113r complectitur. Hic codex primus laudatur inter derivatos ex manuscripto deperdito κ, quod coniicendum est ad explanandos coniunctivos errores qui numeros 31–41 connectunt. Qui omnes enim praebent variationem capitis de Supplicibus (§ 12). Ceterum textus in ἐπονομάζεται δὲ ἐπι- (61,16) interrumpitur. Notandum est interdum codicem P textum manuscripti κ immutare et varias lectiones, forsitan ex C (n. 20) directe sumptas, continere. Etsi testes 31–41 codices descripti sunt, haec editio eos considerat magis quam Langiana propter eorum praestantiam ad Cornuti textus traditionem apud Aevi renatarum artium auctores cognoscendam. Nam ipsa princeps editio (cf. ad n. 40) ex deper-

51 Vid. Krafft, op. cit., 79–82, 287–289.
52 Vid. Krafft, op. cit., 122–126, 283, 286–287.
53 Vid. Krafft, op. cit., 31–41, 215–216.

dito codice μ, ex κ ducto, exoritur. Si qua lectio huius codicis laudatur, ex Krafft ducta est[54].

32. Monacensis gr. 536 (31 Lang) = A. Inter 1488–1502. Chartaceus. Cornuti textus, ab Aristobulo Apostolide exscriptus, inter ff. 71r et 99v continetur, postea Callistrati *Descriptiones*, sicut in nn. 33, 35, 36 et 40, inclusae sunt. Ex A exorta sunt quattuor sequentia testimonia. In critico apparatu non laudatur[55].
33. Vaticanus Palat. gr. 158 = V; apud Lang non commemoratur. Inter 1490–1520. Chartaceus. Cornuti textum inter ff. 141r et 163v complectitur. In critico apparatu non laudatur[56].
34. Monacensis gr. 567 (34 Lang) = f. Saec. XVI ineuntis. Chartaceus. Cornuti fragmentum, ab initio usque ad καὶ τούτου (24,6), inter ff. 33r et 49v inest. In critico apparatu non laudatur[57].
35. Brixianus Bibl. Civ. B.VII.14= B; apud Lang non citatur. Saec. XV exeuntis. Chartaceus. Cornutus inter ff. 1r et 35v continetur, a Demetrio Leontare exscriptus. In critico apparatu non laudatur[58].
36. Leidensis BPG 67.F (33 Lang) = L. Ca. 1539–1542. Chartaceus. Cornuti textum inter ff. 1r et 37r complectitur. In critico apparatu non laudatur[59].
37. Vaticanus Barb. gr. 221 (32 Lang) = V. Inter 1490–1520. Chartaceus. *Compendium,* a Demetrio Moscho et duobus aliis exscriptum, inter ff. 56r et 71r continet. Ex V, K (n. 38) et U (n. 40) testimonium κ in hac editione reficitur[60].

54 Vid. Krafft, op. cit., 118–122, 272–276. De κ vid. etiam J.B. Torres Guerra, "¿Lapsus bizantinos elocuentes? La tradición textual de Cornuto y el copista del códice κ", *Exemplaria Classica* 21 (2017), 7–18.

55 Vid. Krafft, op. cit., 154–158, 258–261.

56 Vid. Krafft, op. cit., 91–96, 258–261.

57 Vid. Krafft, op. cit., 97–101, 258–261.

58 Vid. Krafft, op. cit., 29–31, 258–261.

59 Vid. Krafft, op. cit., 71–74, 258–261.

60 Vid. Krafft, op. cit., 148–154, 269–272.

38. Londinensis Mus. Brit. Addit. 18 494 = K; apud Lang non laudatur. Inter 1503–1514. Chartaceus. Codex ex 30 ff. constat, Cornutum solum, a Caesare Stratego exaratum, continens[61].
39. Vindobonensis phil. gr. 253 (28 Lang) = W. Inter 1503–1514. Chartaceus. Cornuti opusculum, etiam a Caesare Stratego exscriptum, inter ff. 1r et 29r legitur. Cum W *codex descriptus* sit, ei non est tribuenda tanta vis quanta Lang tribuit. Si qua lectio huius codicis laudatur, ex Krafft ducta est[62].
40. Laurentianus plut. 56 cod. 20 (Lang 30) = U. Primi dimidii saec. XVI. Chartaceus. Cornuti opus inter ff. 79r et 111r complectens, U originem ducit ex κ per deperditum μ, in quo etiam Aldina editio nititur[63].
41. Editio Aldina (= Ald): editio princeps; Venetiis, 1505. Editio Aldina, etsi non codex, hic includitur qua testimonium codicis μ (cf. ad n. 40). Cornuti textus inter paginas 59 et 81 invenitur[64].

B. CORNVTI COLLATIONES ET FLORILEGIVM

1. Parisinus gr. 3076 (Lang 13) = Scri. Inter ff. 1r et 24v huius codicis sunt lectiones variae ad Cornuti textum pertinentes paratae a Henrico Scrimger (1506–1572), avunculo magno Patricii Young (1584–1652), qui adnotationes huic manuscripto Parisino anno 1616 adscripsit. Scrimger locos agnovit in quibus quidam ignotus deperditusque codex ex τ proveniens textum diversum ab Aldina editione praebebat[65].
2. Parisinus gr. 3078 (Lang 27) = Sylb. Inter ff. 2r et 9v leguntur lectiones variae ad Cornuti *Compendium* a Friderico Sylburgio

61 Vid. Krafft, op. cit., 74–78, 261–262, 267–269.
62 Vid. Krafft, op. cit., 174–178, 261–262.
63 Vid. Krafft, op. cit., 45–51, 262–267.
64 Vid. A. Manutius (ed.), *Habentur hoc uolumine haec* (...). *Phurnutus, seu, ut alii, Curnutus de natura deorum* (...), Venetiis, 1505. Vid. etiam Krafft, op. cit., 262–267. Ex Aldina editione originem ducunt dua manuscripta: Augustanus Bibl. Civ. 2° Cod. 247 (1586; vid. Krafft, op. cit., 181–182); Atheniensis Bibl. Nat. 390 (s. XVIII; vid. Krafft, op. cit., 181).
65 Vid. Krafft, op. cit., 217–221.

(1536–1596) collectae, a Claudio Salmasio (1588–1653) postea adnotatae. Quarum pars prima pervenit usque ad ἐνῆφθαι (41,20), quod demonstrat Sylburgium huius partis textum cum p (n. 25), Parisino gr. 2551, in hoc loco interrupto, contulisse. Pars altera sunt adnotationes usque ad ἐπονομάζεται δὲ ἐπι- (61,16), ex quo est inferendum Sylburgium ceteram opusculi partem cum aliquo codice ex κ ducto (cf. ad n. 31), forsitan cum A (n. 32), comparavisse[66].

3. Eudociae Violarium (Lang 35) = Eud. Lang certum dicebat *Violarium* Eudociae Macrembolitisae (1021–1096) pro vero codice habendum. Sed cum Langiana editio evulgata esset, florilegium reginae tributum iam patebat spurium, a Constantino Paleocapa conflatum post annum 1543, cum missa est typis Clauseri editio ex qua *Compendii* flosculi in *Violario* collecti sunt. Itaque Eudociae variae lectiones ut coniecturae tantum existimandae sunt[67].

   In hoc loco etiam proferri possunt tres alii testes:
   - Primum Vaticanus gr. 1144 (post 1505), in cuius codicis fine sunt excerpta variorum auctorum inter quos et Cornuti (ff. 254v et 255v), quem subsequuntur Palaephatus et Horapolus. Qui ordo seriesque scriptorum testatur illam manuscripti partem editionem Aldinam imitari. Per excerptorum errores etiam patet diversas lectiones, ex codice qui ex V procedit desumptas, in Aldinae exemplari quo hic scriba usus est adscriptas esse[68].
   - De manuscripto Vaticano gr. 961 loquitur Lang, ei numerum 36 inter suos codices tribuens; tantum opusculi indices continet[69].

66 Vid. Krafft, op. cit., 331–332.

67 Vid. Clauser, op. cit.; P. Pulch, *De Eudociae quod fertur Violario,* Strassburg, 1880; id., “Zu Eudocia. Constantinus Paleocappa, der Verfasser des Violariums”, *Hermes* 17 (1882), 177–192; Lang, op. cit., XVII; Krafft, op. cit., 338; C. García Bueno, “El copista cretense Constantino Paleocapa: un estado de la cuestión”, *Estudios bizantinos* 1 (2013), 198–218.

68 Vid. Krafft, op. cit., 332–334.

69 Vid. Lang, op. cit., XVII.

- De codice Vindobonensi phil. gr. 331, qui *Compendii* in ff. 139r–140r excerpta continet, vide quae Weinberger atque Krafft dicunt[70].

In saec. XVI duae Latinae Cornuti versiones apparuerunt, altera Iodoci Velarei[71] et altera inclusa in Clauseri editione[72], quae magni ponderis essent, si ex aliis deperditis testimoniis exstitissent. Quod cum ita non sit, earum auctoritas minima ne dicam nulla est[73]: interdum tamen adhibenda sunt quae coniecta Clauserus in editione sua inseruit[74].

Quo melius exprimam quod dixi de nexibus et cognationibus codicum, duo stemmata adhibentur infra, quorum alterum principia ex Krafft assumpta sequitur, alterum autem, ex Krafft directe

70 Vid. W. Weinberger, "Ad Cornutum", *Wiener Studien* 14 (1892), 222–226; Krafft, op. cit., 334–335.

71 Vid. *Palaephati de non credendis historiis libellus utilissimus. Phornuti de Natura deorum libellus, Jodoco Velareo interprete (...)*, Antverpiae, 1528. Vid. etiam Krafft, op. cit., 338–339.

72 Vid. Clauser, op. cit.; Krafft, op. cit., 339.

73 Nullius momenti sunt etiam tres codices quorum textus ex editionibus exoriuntur: Bucurestensis gr. 724 (vid. C. Litzica, *Catalogul manuscriptelor Greçesti,* Bucuresti, 1909, 471; Krafft, op. cit., 182–183); Iviron 1317 (vid. S. P. Lambros, *Catalogue of the Greek Manuscripts on Mount Athos. II,* Cambridge, 1900, 263; Krafft, op. cit., 183; M. Alganza Roldán, "Un nuevo manuscrito de Heráclito «Mitógrafo» y el Anónimo Περὶ ἀπίστων (Μονή Ιβήρων 1317 = Lambros 5437)", *Emerita* 83, 2015, 63–86); Monacensis gr. 611 (vid. F. Berger, *Katalog der griechischen Handschriften der Bayerischen Staatsbibliothek München. 9: Codices graeci Monacenses 575–650,* Wiesbaden, 2014). Cur sciri possit codicem Iviron 1317 ex editione a Gale confecta (*Opuscula mythologica physica et ethica, graece et latine... Cornuti Commentarius de natura deorum, interprete Conr. Clausero...*, Cantabrigiae, 1671) derivare alibi explanare velim.

74 Etiam in translatione Clauseri editioni adiuncta adsunt ea coniecta. Lang (op. cit., XVIII) cuiusdam Latinae versionis saeculorum X / XI memoriam consignat de qua Caspar von Barth in suis comentariis ad Statium loquitur (*Publii Papinii Statii quae exstant. Caspar Barthius recensuit* [...], Lipsiae, 1664, II 401). Barth infidus testis est, monente Lang: de hac probabiliter ficta versione nusquam aliam notitiam invenies. Vid. etiam Osann, op. cit., LIII.

depromptum, nexus viginti codicum qui ex C originem ducunt illustrat[75]:

Stemma 1

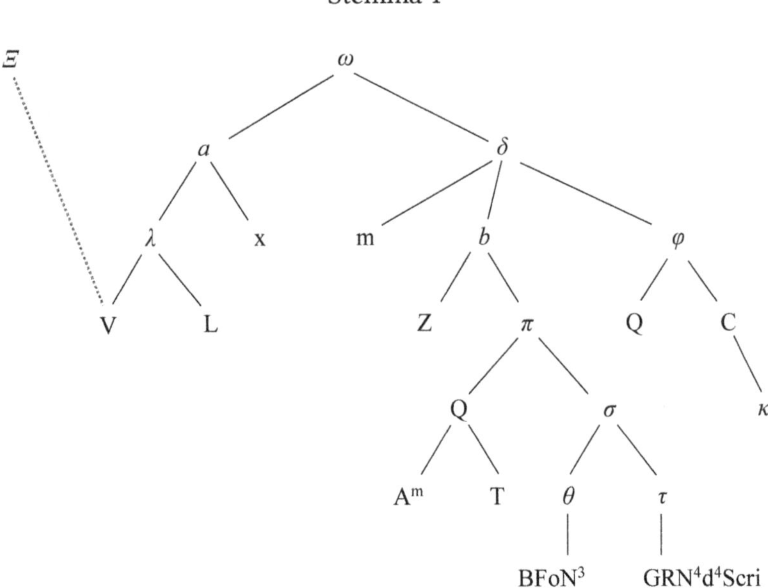

75 Vid. Krafft, op. cit., 212, 250, 315, 316, 323.

Stemma 2

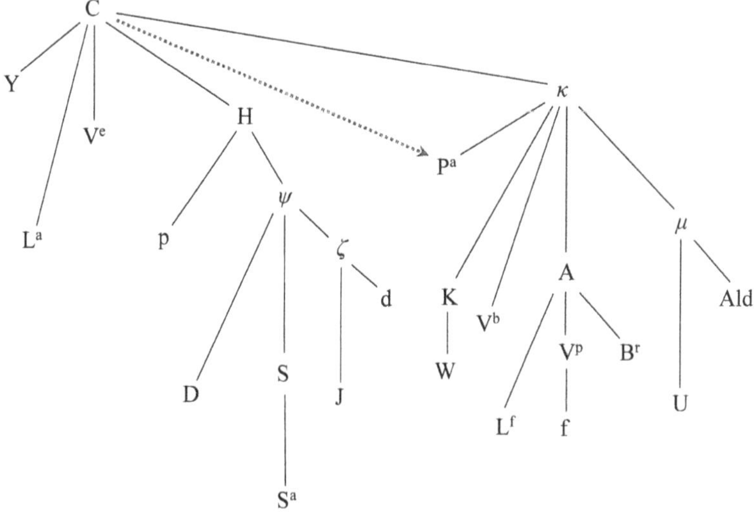

Nunc quas rationes textus instituendi ipse secutus sum paucis exponam[76]:

- Sicut iam apud Lang, in hac editione non includuntur tituli qui in aliquibus manuscriptis capita dividunt, quod facile explanatur: ea per titulos divisio in archetypo aberat. Osann novissimus editor fuit qui hos titulos retinuit etsi uncis inclusos[77].
- Editionem maiorem, non maximam exarare volui. Criticus igitur apparatus, etsi locuples, varias codicum lectiones non

76 Hic non sequar rationes edendi ad Cornuti linguam pertinentes similes eis quibus Lang usus est. Idem auctoris sermonem in manuscriptis traditum emendavit ut Atticam rationem respiceret haud secus ac alii editores saeculi XIX de quibusdam imperialis aetatis auctoribus fecerunt. Mea sententia, saltem archetypi ω linguae status restaurandus est, neque –quod iam non fieri potest, ut videtur– auctoris ipsissima verba ad litteram redintegrare. Cave porro ne oblivisceris *Compendii* sermonem aliquid ne dicam plerumque artificii habere, cum verisimiliter Graecum Cornuti lingua materna non fuerit. Opus enim aliud describat atque maxima cura investiget verborum proprietatem Cornuti comparans eum cum aliis illius temporis scriptoribus.

77 Vid. Lang, op. cit., XVII; Krafft, op. cit., 327. Vid. etiam Osann, op. cit.

exhaurit, tanto minus si istae verborum menda vel monstrua continent. Vide exemplum eius in T (n. 12), qui codex ἐπιδηλοῦντος (11,9), lectionem classis *δ* pro ἀποδηλοῦντος, in ἐπιλοῦντος immutat et paulo postea (11,16) παρατηροῦσα in πατηροῦσα: neutra forma in apparatu laudatur. Animadvertendum est, ut iam supra ad P (n. 31) dictum, hanc editionem magis quam Lang lectiones manuscriptorum ex *φ* et *κ* ductorum spectare, cum per has melius disci possit mythographi nostri fortuna et casus apud Aevi renatarum artium auctores.

- Iuxta criticum alter apparatus affertur qui operum excerpta vel testimonia a *Compendio* laudata complectitur. Hic praecipue quae ad litteram laudata sunt includuntur. Quae non ad litteram laudantur etiam includuntur si sub auctoris nomine appareant vel opusculi textus ea saltem cuidam 'poetae' sive 'poetis' (τῷ ποιητῇ, τοῖς ποιηταῖς) tribuit. Attamen quae tantum coniecta vel loci paralleli sunt in hoc apparatu arcentur, exceptis Stoicorum testimoniis. Cornutus enim non parvi momenti testis est ad eorum fragmenta cognoscenda, ergo in eodem altero apparatu nominantur omnes *Compendii* partes in quibus editores Stoicorum Veterum fragmenta vel testimonia recognoverunt.
- Apparatus qui locos similes contineat non praebetur quamquam huius modi apparatu plane opus sit ut iam Nock anno 1931 monebat[78]. Sunt tamen permulti loci qui gemini vel paralleli nostri mythographici opusculi intellegi potuerint, sed non sine longa explanatione atque interpretatione eorum vinculi cum aliis allegoricae naturae textibus proponendi sunt. Cui cum disputationi hic spatium non sit neque oporteat dubiae utilitatis notitias acervare, locus optimus ad hanc rem tractandam erit, ut aestimo, *Compendii* commentarium super nova, fida, solida eius editione aedificatum[79].

78 Vid. Nock, art. cit., 998.

79 Dum id commentarium non praesto sit, vid. notitias a Nock in art. cit. (999–1002) collectas; in p. 1003 de oportunitate comparationis inter Cornuti textum et Scholia Homerica agit. Vid. etiam quas Ramelli (op. cit.), Nesselrath (op. cit.) et Boys-Stones (op. cit.) praebent. R.S. Hays (*Lucius Annaeus Cornutus' Epidrome [Introduction to the Traditions of*

Tantum restat ut pro mearum virium mensura gratias agam omnibus sine quibus haec editio perfici non potuisset et quos nominatim memori animo notabo. In praestantissimo loco laudari iuvat Maria Angelorum Lluch, uxor amantissima, litteris Romanicis erudita, quae ab initio Cornutum aestimandi dignum esse percepit et me adhuc dubitantem suasit ut his laboribus incumbarem. Ex aequo, si non primum, professor Glennus W. Most est nominandus, qui me sivit et benevole ursit ut editoriale opus a se inceptum prosequerer, contractu suo cum domu Teubneriana mutato. Is ad hunc laborem absolvendum mihi tulit diversa quidem auxilia et inspiramenta, quorum nimis parvum testimonium ac monimentum sunt lectiones suae quas ipse in critico apparatu inclusi. Eidem hic liber ex imo corde est dicatus, necnon Petro Krafft, qui ad *Compendii* editionem ducentem concinnavit viam opere suo de nexibus inter codices Cornutianos. Emmanuel Sanz, professor Universitatis Extremadurensis, liberaliter prompsit methodologica consilia non pauca. Alius Hispanus collega, Philippus Hernández, Universitatis Complutensis Matritensis, quoque subvenit mihi ad theoricas quaestiones enodandas et imagines nanciscendas Vaticani gr. 942, quem codicem postea in Bibliotheca Apostolica Vaticana inspexi. Pompaelonenses amici et magnanimi largiti sunt mihi digitalem codicem Ambrosianum gr. 548. Navarrenses sodales, Alvarus Sánchez-Ostiz, antiquus commilito ac Latinas amans litteras, necnon Adrianus Suárez, vir callens utriusque sermonis nostri, molem huius praefationis perpoliendae libenter et acute leniverunt. Omnium illorum doctrina, comitas et consilia iter longum graveque proclivius redderunt et expeditum.

Gratiae debitae mihi solvendae sunt communiter ex quibuscumque bibliothecis arcessitas codicum imagines accepi. Eaedem quidem operabantur multo maius auxilium ac excogitari potest. Meritum silentio praetereundum nolo aedium librariarum quae ubique terrarum phototypice expressas imagines suorum manuscriptorum magis magisque evulgant et thesauros in se insidentes patefaciunt quibus morbus infirmans vel adversa fortuna prohi-

Greek Theology], University of Texas at Austin, 1983) alicuius momenti quoque esse potest.

buerit aditum, ut erudita grex mulierum virumque talibus et tantis opibus traditionis frui possit.

José B. Torres
Pompaelone, mense Augusto anni 2018

CONSPECTVS LIBRORVM

I. CORNVTI OPVSCVLI EDITIONES VERSIONESQVE VSQVE AD LANGIANAM

Manutius, A. (ed.), *Habentur hoc uolumine haec (...). Phurnutus, seu, ut alii, Curnutus de natura deorum (...)*, Venetiis, 1505.
Velareus, J. (transl.), *Palaephati de non credendis historiis libellus utilissimus. Phornuti de Natura deorum libellus (...)*, Antverpiae, 1528.
Clauserus, C. (ed.), *Cornuti sive Phurnuti de natura deorum gentilium commentarius, e Graeco in Latinum conuersus (...)*, Basileae, s. d. [1543].
Gale, T. (ed.), *Opuscula mythologica, physica et ethica, graece et latine. (...) Cornuti Commentarius de natura deorum (...)*, Cantibrigiae, 1671[80].
Osann, F. (ed.), *L. Annaeus Cornutus de natura deorum ex schedis Johannis Bapt. Casp. d'Ansse de Villoison. (...)*, Gottingae, 1844.
Cornuti Theologiae Graecae Compendium recensuit et emendabat Carolus Lang, Lipsiae, 1881.

II. CRITICA OPERA AD CORNVTI OPVSCVLVM ATQVE HANC EDITIONEM PERTINENTIA[81]

Alganza Roldán, M., "Un nuevo manuscrito de Heráclito «Mitógrafo» y el Anónimo Περὶ ἀπίστων (Μονὴ Ἰβήρων 1317 = Lambros 5437)", *Emerita* 83 (2015), 63–86.
Andrés, G. De, *Catálogo de los códices griegos de la Biblioteca Nacional*, Madrid, 1987.
Anscombe, J.G., *An Etymological Commentary on Cornutus' Epidrome*, University of Leeds, 2005 [doctoralis dissertatio non edita; cf. 190].
Arnim, H. von (ed.), *Stoicorum Veterum Fragmenta*, Lipsiae, 1903–1905.
Berdozzo, F., "Einführung", in H.G. Nesselrath (ed.), *Cornutus. Die Griechischen Götter: ein Überblick über Namen, Bilder und Deutungen*, Tübingen, 2009, 3–28.
Berger, F., *Katalog der griechischen Handschriften der Bayerischen Staatsbibliothek München. Band 9: Codices graeci Monacenses 575–650*, Wiesbaden, 2014.

80 Editio altera, M. Meibom curante, apparuit Amstelodami anno 1688.
81 Hic bibliographicus index tantummodo opera opusculaque in Praefatione citata vel ad editum textum constituendum pertinentia complectitur.

Bernardinello, S., [recensio operis a Krafft exarati], *Scriptorium* 33 (1979), 130–132.

Boys-Stones, G., *L. Annaeus Cornutus: The Greek Theology, Fragments and Testimonia,* Atlanta, 2018.

Boysen, C., "Zur Handschriftenkunde des Cornutus und Palaephatus (cod. Ravii)", *Philologus* 42 (1884), 285–308.

Browning, R., [recensio operis a Krafft exarati], *Classical Review* 28 (1978), 152–153.

Busch, P., et Zangenberg, J.K. (edd.), *Lucius Annaeus Cornutus. Einführung in die griechische Götterlehre,* Darmstadt, 2010.

Canart, P., [recensio operis a Krafft exarati], *Gnomon* 51 (1979), 385–388.

Checozi, G., "Sopra l'antica idolatria de'boschi. II", in *Saggi di dissertazioni accademiche pubblicamente lette nella Academia Etrusca della città di Cortona. IV,* Roma, 1743, 149–234 [cf. 155].

Fernández Pomar, J.M., "La colección de Uceda y los manuscritos griegos de Constantino Láscaris", *Emerita* 34 (1966), 211–288.

Fernández Pomar, J.M., "La colección de Uceda de la Biblioteca Nacional. Nueva edición del catálogo de manuscritos", *Helmantica* 27 (1976), 475–518.

García Bueno, C., "El copista cretense Constantino Paleocapa: un estado de la cuestión", *Estudios bizantinos* 1 (2013), 198–218.

Harris, J., *Greek Emigres in the West, 1400–1520,* Camberley, 1995.

Hays, R.S., *Lucius Annaeus Cornutus' Epidrome (Introduction to the Traditions of Greek Theology),* University of Texas at Austin, 1983 (microfilm).

Hemsterhuis, T., *Luciani Samosatensis colloquia selecta et Timon,* Amstelaedami, 1708 [cf. 100].

Immisch, O., "ΑΛΙΒΑΝΤΕΣ", *Archiv für Religionswissenschaft* 14 (1911), 449–464 [cf. 454, adn. 2].

Kaibel, G., "Sententiarum Liber Sextus", *Hermes* 28 (1893), 40–64 [cf. 45].

Kern, O., "Ein neues Zeugnis für Hermes Tychon", *Archiv für Religionswissenschaft* 30 (1933), 205.

Koen, G.; Bast, F.J.; Schäfer, G.H. (edd.), *Gregorii Corinthii et aliorum grammaticorum libri de dialectis linguae graecae,* Lipsiae, 1811 [cf. 159]

Krafft, P., *Die handschriftliche Überlieferung von Cornutus' "Theologia Graeca",* Heidelberg, 1975.

Kroll, W., "Adversaria Graeca", *Philologus* 53 (1894), 416–428 [cf. 422].

Lambros, S.P., *Catalogue of the Greek Manuscripts on Mount Athos. II,* Cambridge, 1900.

Lang, C., "Zu Kornutos", *Neue Jahrbücher für Philologie und Pädagogik* 123 (1881), 493–494.

Litzica, C., *Catalogul manuscriptelor Greçesti,* Bucuresti, 1909.

Lorenz, A.O.F., *Leben und Schriften des Koers Epicharmos nebst einer Fragmentensammlung,* Berlin, 1864 [cf. 259–260].

Lucarini, C.M., "Ἄτακτα", *Philologus* 151 (2007), 164–172 [cf. 164–167].

Major, J.R. (ed.), *The Hecuba of Euripides, from the Text, and with a Translation of the Notes, Preface, and Supplement of Porson*, London, 1826 [cf. 90].
Martínez Manzano, T., "Un copista del lustro boloñés de Besarión: el *Anonymus LY*", *Νέα Ῥώμη* 10 (2013), 211–243.
Martínez Manzano, T., "Encuadernaciones bizantinas de la Biblioteca Universitaria de Salamanca", in Chr. Brockmann *et alii* (edd.), *Handschriften- und Textforschung heute. Zur Überlieferung der griechischen Literatur*, Wiesbaden, 2014, 239–260.
Martini, G.I. de, *De L. Annaeo Cornuto, philosopho stoico*, Lugduni, 1825 [cf. 55].
Mehler, E. (ed.), *Heracliti Allegoriae Homericae*, Lugduni Batavorum, 1851 [cf. 135].
Monfasani, J., *Byzantine Scholars in Renaissance Italy: Cardinal Bessarion and Other Emigrés. Selected Essays*, Aldershot, 1995.
Mossay, J., [recensio operis a Krafft exarati], *L'Antiquité Classique* 47 (1978), 630–632.
Most, G.W., "Cornutus and Stoic Allegoresis: A Preliminary Report", *Aufstieg und Niedergang der römischen Welt* II 36.3 (1989), 2014–65.
Nesselrath, H.G. (ed.), *Cornutus. Die Griechischen Götter: ein Überblick über Namen, Bilder und Deutungen*, Tübingen, 2009.
Nock, A.D., "Kornutos", *Paulys Realencyclopädie der classischen Altertumswissenschaft* Suppl. V (1931), 995–1005.
Paladini, V., "Il maestro di Persio", in G. Mancini (ed.), *Scritti per il XIX centenario della nascita di Persio*, Volterra, 1936, 49–78 (= *Scritti minori*, Roma, 1973, 251–281) [cf. 281].
Pàmias, J. (ed.), *Eratòstenes de Cirene. Catasterismes*, Barcelona, 2004.
Pàmias, J. (ed.), et Zucker, A. (transl.), *Ératosthène de Cyrène. Catastérismes*, Paris, 2013.
Perosa, A., "Inediti di Andronico Callisto", *Rinascimento* 4 (1953), 3–15.
Picot, J.-C., "Sagesse face à parole de Zeus: une nouvelle lecture du fr. 123.3 DK d'Empédocle", *Revue de philosophie ancienne* 30 (2012), 23–58.
Pulch, P., *De Eudociae quod fertur Violario*, Argentorati, 1880.
Pulch, P., "Zu Eudocia. Constantinus Paleocappa, der Verfasser des Violariums", *Hermes* 17 (1882), 177–192.
Ramelli, I., *Anneo Cornuto. Compendio di teologia greca*, Milano, 2003.
Reinhardt, C., *De Graecorum theologia capita duo*, Berolini, 1910 [cf. 116–117].
Schmidt, B., *De Cornuti theologiae Graecae compendio capita duo*, Hallis Saxonum, 1912.
Schmitt-Blank, J.C., "Zur Texteskritik des Cornutus", *Eos: süddeutsche Zeitschrift für Philologie und Gymnasialwesen* 1 (1864), 92–102, 526–548.
Struve, J.T. (ed.), *C. L. Struve. Opuscula selecta*, Lipsiae, 1854 [cf. 257–260].
Torres Guerra, J.B., "¿Lapsus bizantinos elocuentes? La tradición textual de Cornuto y el copista del códice *κ*", *Exemplaria Classica* 21 (2017), 7–18.

Torres Guerra, J.B., "Hacia una nueva edición crítica del manual mitológico de Cornuto", *Aitia. Regards sur la culture hellénistique au XXIe siècle* 8.2 (2018).

Toup, J. (ed.), *Dionysii Longini quae supersunt*, Oxonii, 1778 [cf. 292].

Tovar, A., *Catalogus codicum Graecorum Universitatis Salmantinae*, Salamanca, 1963.

Valckenaer, L.C., *Animadversionum ad Ammonium grammaticum libri tres. (...) accedit specimen scholiorum ad Homerum ineditorum*, Lugduni Batavorum, 1739 [cf. 10].

Weinberger, W., "Ad Cornutum", *Wiener Studien* 14 (1892), 222–226.

Wilamowitz-Moellendorff, U. von, *Coniectanea*, Gottingae [1884] [cf. 12–13].

Wilson, N.G., "The Date and Origin of Ms. Barocci 131", *Byzantinische Zeitschrift* 59 (1966), 305–306.

Wilson, N.G., *From Byzantium to Italy, Greek Studies in the Italian Renaissance*, Baltimore, 1992.

De *Compendii* titulo a Bessarione restaurato, vid. Lang, op. cit., XV, 1.

De coniectis a D.A. Wyttenbach prolatis, vid. Osann, op. cit., XII.

De aliis coniecturis vid. Krafft, op. cit., 85 (C. Lascaris ad 24,13), Osann, op. cit., 95 (R. Gompfius ad 26,12), op. cit., 137 (C. Salmasius ad 39,6), op. cit., 153 (G. Vossius ad 42,21–22), Lang, op. cit., XV, 75 (G. Giraldus ad 62,7).

SIGLA

A^m	Ambrosianus gr. 548	Ca. 1500
B	Laurentianus plut. 60 cod. 19	1450–1500
C	Vaticanus gr. 1314	Ca. 1449
d	Dublinensis coll. trin. 373	1550–1600 pars prima; saec. XV pars secunda
E	Venetus gr. 864	Saec. XIV
F	Venetus gr. 1006	1450–1500 (1476–1506?)
G	Baroccianus gr. 125	Ca. 1550
H	Matritensis 4628	1466–1501
J	Parisinus gr. 3052	1470–1530
K	Londinensis Mus. Brit. Addit. 18 494	1503–1514
L	Laurentianus plut. 57 cod. 24	Saec. XIV (1328–1330?)
L^a	Laurentianus plut. 58 cod. 13	1491
m	Ambrosianus gr. 110	Saec. XIV (ca. 1350)
M	Montepessulanus Sch. Med. H 422	1489–1511
N	Vaticanus gr. 1385	1476–1503
o	Baroccianus gr. 72	Saec. XVI ineuntis
p	Parisinus gr. 2551	1492–1519
P	Parisinus gr. 2720	1480–1493
P^a	Parisinus gr. 2860	1450–1500
Q	Laurentianus plut. 31 cod. 37	1300–1350
r	Vratislavensis Rehdig. gr. 26	1200–1250 (textus rescriptus)
R	Berolinensis gr. qu. 9	Saec. XV (deperditus)
S	Salmanticensis Bibl. Univ. 285	Ca. 1500
S^a	Londinensis Mus. Brit. Addit. 18 775	1573–1585
T	Matritensis 4808	Ca. 1500
U	Laurentianus plut. 56 cod. 20	1500–1550
V	Vaticanus gr. 942	Saec. XIV (1327–1341)
V^b	Vaticanus Barb. gr. 221	1490–1520
V^e	Venetus gr. 770	Ca. 1450
x	Baroccianus gr. 131	1275–1300
Y	Venetus gr. 924	1449–1468
W	Vindobonensis phil. gr. 253	1503–1514
Z	Neapolitanus borbon. II.E.4	Saec. XIV

Ald: editio Aldina.
Eud.: Eudociae *Violarium*.
Scri: lectiones variae ex Henrici Scrimgeri collatione deperditi codicis in Parisino gr. 3076 servatae.
Sylb: lectiones variae ex Frederici Sylburgii collatione in Parisino gr. 3078 servatae.

a	ex λxr; hyparchetypus
b	ex Zπ
δ	ex m$b\varphi$; hyparchetypus
ζ	ex dJ
θ	ex BFN^{3}o
κ	ex AKP^{a}V$^b\mu$
λ	ex VL
μ	ex UAld
Ξ	ex V^2; codex extra archetypum
π	ex $\rho\sigma$
ρ	ex TA^m
σ	ex $\theta\tau$
τ	ex d^{4}GN^{4}RScri
φ	ex QC
ψ	ex DSζ
ω	ex $a\delta$; archetypus

ad loc.	ad locum
add.	addit, addunt
cett.	ceteri codices
ci.	conieci, coniecit
cit.	citatum, citatur
codd.	omnes codices
coll.	collato
def.	deficit, deficiunt
del.	delevit
dub.	dubitanter
dub. ed.	dubitanter edidi
edd.	editores
eras.	erasit
fin.	in fine
fol.	folium
fort.	fortasse
i. e.	id est
inc.	incipit
interp.	interpunxit
l.	linea, lineae
lac.	lacuna
mg.	in margine
mut.	mutatum
om.	omittit, omittunt
ras.	in rasura
relic.	relictus, relicta, etc.
Sch.	Scholion

scr.	scripsit
sec.	secundum
seq.	sequens
spat.	spatium
trans.	transtuli, transtulit
...	textus in apparatu non repetitur.
[...]	textus in codice abest (tot puncti quot litterae).
Ansc.:	Anscombe
Arn.:	von Arnim
Bess.:	Bessario
Chec.:	Checozi
Claus.:	Clauser
Dav.:	Davies
Gais.:	Gaisford
Gom.:	Gompfius
Gr.:	Greene
Greg.:	Di Gregorio
Gyr.:	Giraldus
Hems.:	Hemsterhuis
Imm.:	Immisch
Kai.:	Kaibel
Kann.:	Kannicht
K.-A.:	Kassel-Austin
Kost.:	Koster
L.-M.:	Laks-Most
Lasc.:	Lascaris
LSJ:	Liddell-Scott-Jones
Lor.:	Lorenz
Luc.:	Lucarini
Mart.:	Martini
Mehl.:	Mehler
M.-W.:	Merkelbach-West
Os.:	Osann
Pal.:	Paladini
Pf.:	Pfeiffer
Por.:	Porson
Reinh.:	Reinhardt
Salm.:	Salmasius
Schm.:	Schmitt-Blank
Str.:	Struve
ThGL:	Thesaurus Graecae Linguae
Valck.:	Valckenaer
Valk:	Van der Valk

Vill.:	Villoison
Vos.:	Vossius
Wil.:	Wilamowitz
Wytt.:	Wyttenbach

Κορνούτου
ἐπιδρομὴ τῶν κατὰ τὴν Ἑλληνικὴν θεολογίαν παραδεδομένων

[1] Ὁ οὐρανός, ὦ παιδίον, περιέχει κύκλῳ τὴν γῆν καὶ τὴν θάλατταν καὶ τὰ ἐπὶ γῆς καὶ τὰ ἐν θαλάττῃ πάντα καὶ διὰ τοῦτο ταύτης ἔτυχε τῆς προσηγορίας, οὖρος ὢν ἄνω πάντων καὶ ὁρίζων τὴν φύσιν· | ἔνιοι δέ φασιν ἀπὸ τοῦ ὠρεῖν ἢ ὠρεύειν τὰ ὄντα, ὅ ἐστι 2 Lang
φυλάττειν, οὐρανὸν κεκλῆσθαι, ἀφ' οὗ καὶ ὁ θυρωρὸς ὠνομάσθη καὶ τὸ πολυωρεῖν· ἄλλοι δὲ αὐτὸν ἀπὸ τοῦ ὁρᾶσθαι ἄνω ἐτυμολογοῦσι. καλεῖται δὲ σὺν πᾶσιν οἷς περιέχει κόσμος ἀπὸ τοῦ κάλλιστα διακεκοσμῆσθαι. τινὲς δὲ τῶν ποιητῶν Ἄκμονος ἔφασαν αὐτὸν υἱὸν εἶναι, τὸ ἄκμητον τῆς περιφορᾶς αὐτοῦ αἰνιττόμενοι, ἢ προλαβόντες ὅτι ἄφθαρτός ἐστι τοῦτο παριστᾶσι διὰ τῆς ἐτυμολογίας· κεκμηκέναι γὰρ λέγομεν τοὺς τετελευτηκότας. ἡ δὲ οὐσία αὐτοῦ πυρώδης ἐστίν, ὡς δῆλον ἐκ τοῦ ἡλίου καὶ ἐκ τῶν ἄλλων ἄστρων. ὅθεν καὶ αἰθὴρ ἐκλήθη τὸ ἐξωτάτω μέρος τοῦ κόσμου ἀπὸ τοῦ αἴθεσθαι· τινὲς δέ φασιν ἀπὸ τοῦ ἀεὶ θεῖν οὕτως αὐτὸν ὠνομάσθαι, ὅ ἐστι ῥοίζῳ φέρεσθαι. καὶ τὰ ἄστρα γὰρ οἱονεὶ ἄστατά ἐστιν ὡς οὐδέποτε ἱστάμενα, ἀλλ' ἀεὶ κινούμενα. εὔλογον δὲ καὶ τοὺς

11–12 τινὲς … εἶναι] cf. Hes., fr. 398 M.–W.; Alcm., fr. 61 Dav.; Call., fr. 498 Pf.

1 Κορνούτου *aρθ*R: Φουρνούτου G*φ* (Φρουνούτου YL^{a}HK: Φορνούτου S^{a}: Φρανούτου p): om. mZ (Κορνοῦτος Z^{3}) J ‖ **2** ἐπιτομὴ Jahn (cf. ἐπιτετμημένως in § 35 [63,2]) ‖ **2–3** ἐπιδρομὴ τῶν κατὰ τὴν ἑλληνικὴν θεωρίαν παραδεδομένων *a*: ἐκ τῶν παραδεδομένων ἐπιδρομὴ κατὰ τὴν ἑλληνικὴν θεωρίαν *φ* (θεωρία περὶ τῆς τῶν θεῶν φύσεως *κ*): om. sive περὶ οὐρανοῦ m*b* (πρὸς τὸν υἱὸν γεώργιον περὶ θεῶν B: θεωρία περὶ τῆς τῶν θεῶν φύσεως G^{2}) ‖ **2** θεολογίαν Bess.: θεωρίαν *aφ*: om. m*b* ‖ **4** παιδίον γεώργιε *b* (γεώργιε] Πέρσιε Pal.) **5** θάλασσαν *πφ* | τῇ θαλάττῃ V | καὶ^{3} om. *κ* (post πάντα interp.) ‖ **6** οὖρος] ὅρος *π* | ὢν τῶν Os. ad loc. ‖ **7** ὠρεῖν] ὠρεῖν (ὡρεῖν x: ὁρᾶν *κ*) αὐτὸν xr*δ* ὠρεύειν] ὀρέγειν *κ* | ὄντα] πάντα *δ* ‖ **8** κεκλῆσθαι] καλεῖσθαι *δ* | ὁ om. *b* **9–10** ὁρᾶσθαι … τοῦ om. r ‖ **11** διακεκοσμεῖσθαι x: διακοσμεῖσθαι r*δ* **11–12** αὐτὸν ἔφασαν V*φ*: ἔφασαν r*π* ‖ **12** υἱὸν εἶναι om. r: εἶναι υἱὸν *δ* | αὐτοῦ om. *δ* ‖ **13** ὑπολαβόντες *δ* | καὶ τοῦτο B | παριστᾶσι Z: παραστᾶσι x: παριστῶσι cett. ‖ **15** δῆλον καὶ *a* | ἐκ^{2} om. *π* ‖ **16** ἐξωτάτω Ξ: ἐξώτατον *ω* **17–18** τινὲς … ὠνομάσθαι om. x spat. [....] relic. ‖ **17** αἰεὶ *a*Z: ἄνω *φ* **18** ἄστατά] ἄστα V | εἰσιν *δ* (-σι C) ‖ **19** ὡς] καὶ *φ* | αἰεὶ *λ* (ἀεὶ V^{2} mg.) | καὶ om. L | post καὶ inc. m (pars prima)

θεοὺς ἀπὸ τῆς θεύσεως ἐσχηκέναι τὴν προσηγορίαν· πρῶτον γὰρ οἱ ἀρχαῖοι θεοὺς ὑπελάμβανον εἶναι οὓς ἑώρων ἀδιαλείπτως φερομένους, αἰτίους αὐτοὺς νομίσαντες εἶναι τῶν τοῦ ἀέρος
3 μεταβολῶν καὶ τῆς σωτηρίας τῶν | ὅλων. τάχα δ' ἂν εἶεν θεοὶ θετῆρες καὶ ποιηταὶ τῶν γινομένων.

[2] Ὥσπερ δὲ ἡμεῖς ὑπὸ ψυχῆς διοικούμεθα, οὕτω καὶ ὁ κόσμος ψυχὴν ἔχει τὴν συνέχουσαν αὐτὸν, καὶ αὕτη καλεῖται Ζεύς, πρώτως καὶ διὰ παντὸς ζῶσα καὶ αἰτία οὖσα τοῖς ζῶσι τοῦ ζῆν· διὰ τοῦτο δὲ καὶ βασιλεύειν ὁ Ζεὺς λέγεται τῶν ὅλων, ὡς ἂν καὶ ἐν ἡμῖν ἡ ψυχὴ καὶ ἡ φύσις ἡμῶν βασιλεύειν ῥηθείη. Δία δὲ αὐτὸν καλοῦμεν ὅτι δι' αὐτὸν γίνεται καὶ σώζεται πάντα. παρὰ δέ τισι καὶ Δεὺς λέγεται, τάχα ἀπὸ τοῦ δεύειν τὴν γῆν ἢ μεταδιδόναι τοῖς ζῶσι ζωτικῆς ἰκμάδος· καὶ ἡ γενικὴ πτῶσις ἀπ' αὐτῆς ἐστι Δεός, παρακειμένη πως τῇ Διός. οἰκεῖν δὲ ἐν τῷ οὐρανῷ λέγεται, ἐπεὶ ἐκεῖ ἐστι τὸ κυριώτατον μέρος τῆς τοῦ κόσμου ψυχῆς· καὶ γὰρ αἱ ἡμέτεραι ψυχαὶ πῦρ εἰσιν.

1 θεύσεως Ξ: θέσεως *ω* | γὰρ om. m ‖ **2** ἀρχαῖοι] παλαιοὶ x | ὑπέλαβον *a* ἑώρων Gale (cf. Pl., *Cra.* 397d): εὗρον codd. | ἀδιαλείπτως] ἀδιαπτώτως *δ* (-ους *φ*) ‖ **3** τοῦ εἶναι B ‖ **4** οἱ θεοὶ Os. ‖ **5** θετῆρες] δοτῆρες x | γινομένων ὅλων *δ* **6** δὲ] γὰρ m | ὑπὸ AldVat.: ἀπὸ codd. ‖ **7** αὕτη] αὐτὴ *a* ‖ **8** πρῶτος *b*: πρότερον *κ* | πρώτως … ζῆν om. m | καὶ[1] om. C | διὰ παντὸς] διὰ τὸ *φ* ‖ **9** δὲ om. xm*πφ* βασιλεύειν … ὅλων] βασιλεύει τῶν ὅλων θεῶν ὁ Ζεὺς m ‖ **10–11** καὶ … πάντα om. m ‖ **11** τὰ πάντα *δ* | παρά τισι δὲ *δ* ‖ **12** καὶ om. V*b* | τάχα om. m **13** ζωτικῆς V^2*δ*: σωματικῆς *a* ‖ **13–14** καὶ … Διός del. Lang ‖ **13** Δεός] Διός *δ* ‖ **14** τῇ Διός] τοῦ Διός x: τῇ Δεύς *σ* (τῇ Διός F: τῇ Δεὺς εὐθείᾳ o) ‖ **15** ἐστι om. *κ* | τῆς ψυχῆς τοῦ κόσμου m | καὶ γὰρ καὶ *λ* ‖ **16** post εἰσιν haec G: Καὶ ἄλλως· κατὰ τὸν ἱστορικὸν μῦθον τῶν παλαιῶν ὁ Κρόνος συζευχθεὶς τῇ Ῥέᾳ ἐγέννησε τὸν Δία, τὸν Ποσειδῶνα καὶ τὸν Πλούτωνα. ἔτεκε δὲ καὶ ἄλλα τινά, ἅ φασιν κατήσθιε, μόνον δὲ τὸν Δία οὐκ ἠδυνήθη φαγεῖν, διὸ καὶ μόνος τῶν ἄλλων ἔζησεν ὁ Ζεύς. τοῦτο μὲν ἀλληγορικῶς οἱ ἐξηγηταί φασιν εἶναι. τὸν μὲν γὰρ Κρόνον χρόνον καλοῦσι κατὰ μετάθεσιν τοῦ ψιλοῦ εἰς τὸ ἀντιστοιχοῦν αὐτῷ δασύ· Ῥέαν δὲ τὴν γῆν, ἥτις πάντα ῥέει τὰ ὑλικά, ἀπὸ τοῦ ῥεῖν. καλῶς οὖν ἡ ἀλληγορία νοεῖται. διὰ γὰρ τοῦ χρόνου καὶ τῆς γῆς πάντα τίκτεται· μὴ ὄντος γὰρ χρόνου οὐδὲ [οὐδὲ Os.: οὔτε G] κόσμος ἐστίν· ἐκ γὰρ τῆς ἀρχῆς τοῦ χρόνου ὁ κόσμος ἐγένετο. ἕως οὗ χρόνος, καὶ κόσμος· καὶ τὸ ἀνάπαλιν. συνεμίγη οὖν ὁ Κρόνος τῇ Ῥέᾳ, ἤγουν ὁ χρόνος τῇ γῇ, ὅθεν γέγονε τἆλλα. ὁ δὲ Κρόνος, ἤτοι ὁ χρόνος, πάντα κατήσθιε πλὴν τοῦ Διός· καὶ τοῦτο δὲ φανερόν, ὅτι ὁ καιρὸς πάντ' ἀφανίζει πλὴν τὸ ὂν ἀθάνατον. καὶ γὰρ Πλάτων ὁ φιλόσοφος Δία τὸν σύμπαντα κόσμον ἐξωνόμασεν εἶναι· ἄλλοι δὲ τὴν ψυχὴν διὰ τὸ ἀεὶ μένειν, ἄλλοι δὲ αὐτὴν τὴν

[3] Γυνὴ δὲ καὶ ἀδελφὴ αὐτοῦ παραδέδοται ἡ Ἥρα, ἥτις ἐστὶν ὁ ἀήρ. συνῆπται γὰρ εὐθὺς αὐτῷ καὶ κεκόλληται αἱρομένη ἀπὸ τῆς γῆς ἐκείνου αὐτῇ ἐπιβεβηκότος· καὶ γεγόνασιν ἐκ τῆς εἰς τὰ αὐτὰ ῥύσεως, ῥυεῖσα γὰρ εἰς λεπτότητα ἡ οὐσία τό τε πῦρ καὶ τὸν ἀέρα ὑφίστησιν. ἐφ' ᾧ καὶ Ῥέαν τὴν | μητέρα αὐτῶν ἐμύθευσαν 4 εἶναι, πατέρα δὲ τὸν Κρόνον ἤτοι διὰ τὸ ἐν τεταγμένοις χρόνου μέτροις γενέσθαι ταῦτα ἢ διὰ τὸ κατὰ σύγκρισιν καὶ βρασμὸν τῆς ὕλης τὴν εἰς τὰ στοιχεῖα διάκρισιν ἀποτελεῖσθαι ἤ, ὅπερ πιθανώτατον, διὰ τὸ τηνικαῦτα ὑφίστασθαι τὸν αἰθέρα καὶ τὸν ἀέρα, ἡνίκ' ἂν ἐκ πυρὸς κινῆται ἡ φύσις ἐπὶ τὸ κραίνειν καὶ ἀποτελεῖν τὰ ὄντα.

[4] Διὰ δὲ ταύτην τὴν αἰτίαν καὶ τὸν Ποσειδῶνα ἔφασαν οἱ ἀρχαῖοι Κρόνου καὶ Ῥέας υἱὸν εἶναι· καὶ γὰρ τὸ ὕδωρ ἐκ τῆς εἰρημένης μεταβολῆς γίνεται. Ποσειδῶν δέ ἐστιν ἡ ἀπεργαστικὴ τοῦ ἐν τῇ γῇ καὶ περὶ τὴν γῆν ὑγροῦ δύναμις, εἴτ' οὖν ἀπὸ τῆς πόσεως οὕτω κληθεῖσα καὶ τοῦ διδόναι ταύτην, εἴτε λόγος καθ' ὃν

ἄυλον καὶ ἀθάνατον οὐσίαν. ὥστε ὁ Ζεύς ἐστιν ἀπὸ τοῦ ζῆν· μόνος γὰρ τῶν ἄλλων ἔζησεν, καὶ νικήσας τὸν χρόνον ἐβασίλευσεν· οὗ ἡ βασιλεία κατὰ τοὺς παλαιοὺς τῶν Ἑλλήνων ἐπ' ἀκροτάτης κορυφῆς πολυδειράδος Οὐλύμποιο [cf. e. g. Hom., *Il.* 1,499] πέλει. ἐξ οὗ μὲν Ἀπόλλων καὶ Ἄρτεμις ἐγεννήθησαν διὰ τῆς Λητοῦς. Λητὼ γὰρ τὴν νύκτα ὀνομάζουσι κατὰ μετάθεσιν τοῦ δασέος θ εἰς τὸ ψιλὸν αὐτοῦ τ, Ληθώ [λήθη Buc. Gale Lang] τις οὖσα [cf. Pl., *Cra.* 406a]· ἐν γὰρ τῇ νυκτὶ καθευδόμενοι λανθάνονται πάντα [πάνθ' Lang] οἱ ἄνθρωποι. τῇ δὲ Ἥρᾳ συμμιγεὶς ἔτεκεν Ἄρεα· Ἥραν δὲ τὸν ἀέρα δηλοῦσιν [καλοῦσιν Buc. Gale Lang] οἱ παλαιοί. ἔτεκε δὲ καὶ [τὸν add. Lang] Διόνυσον ἐκ τοῦ ἰδίου μηροῦ ἑπταμηνιαῖον παρὰ τῆς Σεμέλης· καὶ Ἀθηνᾶν ἐκ τῆς κεφαλῆς αὐτοῦ [αὑτοῦ Os.], δηλονότι τὴν γνῶσιν καὶ τὴν φρόνησιν· διὸ καὶ Τριτὼ αὐτὴν ἡ Ἀτθὶς διάλεκτος ὀνομάζει· τριτὼ γὰρ τὴν κεφαλήν φασιν οἱ Ἀθηναῖοι.

1 αὐτοῦ] τοῦ Διός G | παραδίδοται *b* ‖ **2** εὐθὺς om. x: ἐγγὺς Schm. | αὐτῇ m*b* αἱρομένη ἀπὸ] αἰωρουμένη ἐπὶ Schm. ‖ **3** αὐτῇ om. G: αὐτῆς Z*κ* ‖ **3–4** ἐκ τῆς εἰς (om. x) τὰ αὐτὰ *a*: ἐκ τῆς ἐπὶ τὰ αὐτὰ m*b* (αὐτὰ] [....] G): ἐπὶ τῆς αὐτῆς *φ* **4** ῥύσεως Lang: νεύσεως codd.: ῥεύσεως Gale | τε om. m ‖ **5** ἐφ' ᾧ καὶ] καὶ διὰ τοῦτο *a* | τὴν om. V¹L | αὐτῶν τὴν μητέρα x | ἐμυθεύσαντο *πφ* ‖ **6** τεταμένοις *φ* ‖ **6–7** μέτροις χρόνου *δ* ‖ **7** διὰ τὸ om. *a* | σύγκρασιν Os. ‖ **8** ἢ ὅπερ] καὶ ὥσπερ x ‖ **8–9** πιθανώτερον L*δ* ‖ **9** τὸν αἰθέρα καὶ τὸν ἀέρα Schm.: τὸν αἰθέρα *a*m*b*: τὸν ἀέρα *φ* | ἡνίκα codd. (ἡνίκ' *μ*) ‖ **10** κινεῖται Lxm: ἐκινεῖτο *φ*: κινῆται G ‖ **12–13** οἱ … εἶναι] εἶναι ante οἱ *δ* ‖ **14** καταβολῆς G ‖ **15** εἴτουν *a* (εἴτ' οὖν V²: εἶτ' οὖν x²): ἤτοι *δ* ‖ **16–4,2** καὶ … ἰδιότητα om. m ‖ **16** εἴτε λόγου r: εἴτε λόγους Q: ἢ καθ' ἕτερον λόγον C ‖ **16–4,1** καθ' … ἐστίν om. r*δ* ἰδίει ἡ φύσις [φύσει ἰδίων] ἐστίν, εἴθ' ὅσον πεδοσείων ὠνόμασται κατὰ τὴν παραδειχθησομένην αὐτοῦ ἰδιότητα.

[5] Ἀδελφὸς δὲ αὐτῶν καὶ ὁ Ἅιδης εἶναι λέγεται. οὗτος δέ ἐστιν ὁ παχυμερέστατος καὶ προσγειότατος ἀήρ· ὁμοῦ γὰρ αὐτοῖς γίνεται καὶ αὐτὸς ἀρ|ξαμένης ῥεῖν καὶ κραίνειν τὰ ὄντα κατὰ τοὺς ἐν αὐτῇ λόγους τῆς φύσεως. καλεῖται δὲ Ἅιδης ἢ τάχα ὅτι καθ' ἑαυτὸν ἀόρατός ἐστιν, ὅθεν καὶ διαιροῦντες Ἀΐδην αὐτὸν ὀνομάζουσιν, ἢ κατ' ἀντίφρασιν ὡσὰν ὁ ἀνδάνων ἡμῖν· εἰς τοῦτον γὰρ χωρεῖν ἡμῖν κατὰ τὸν θάνατον αἱ ψυχαὶ δοκοῦσιν ἥκιστα ἀνδάνοντος ἡμῖν τοῦ θανάτου. καὶ Πλούτων δὲ ἐκλήθη διὰ τὸ πάντων φθαρτῶν ὄντων μηδὲν εἶναι ὃ μὴ τελευταῖον εἰς αὐτὸν κατατάττεται καὶ αὐτοῦ κτῆμα γίνεται.

[6] Τῆς δὲ Ῥέας κατὰ τὴν παραδεδειγμένην ῥύσιν εἰδοποιουμένης εἰκότως ἤδη καὶ τὴν τῶν ὄμβρων αἰτίαν ἀνατιθέντες αὐτῇ, ὅτι ὡς ἐπὶ τὸ πολὺ μετὰ βροντῶν καὶ ἀστραπῶν συμβαίνει γίνεσθαι, καὶ ταύτην παρεισήγαγον τυμπάνοις καὶ κυμβάλοις καὶ κεραυλίαις καὶ λαμπαδηφορίαις χαίρουσαν. ἐπεὶ δ' ἄνωθεν οἱ ὄμβροι καταράσσουσι, πολλαχοῦ δὲ καὶ ἀπὸ τῶν ὀρῶν ἐπερχόμενοι φαίνονται, πρῶτον μὲν τὴν Ἴδην ἐπωνόμασαν αὐτῇ, μετέωρον

1 φύσει ἰδίων ci. et del.: φύσει ἰδῶν x: φυσιιδῶν *λ*: φυσιιδίων Schm. Lang (del.) | εἴθ' ὅσον πεδοσείων (-σ[..]ίων x) *a*: εἴ. ὅ. ἀπὸ τοῦ ἔδη σείειν *σ* (εἴ. ὅ. ἀπέδ[..]σείειν G: εἴ. ὅ. ἀπ' ἐδησεί ειν R): εἴ. ὅ. ἀπεδησείων Z*ρ*Q: ποσειδάων C: εἴ. οἱονεὶ πεδοσείων Lang | ὠνόμασθαι B: εἴτε καθ' ἕτερον λόγον ἀπὸ τοῦ τὴν πόσιν δεῖν ἢ ὡς δεσμεῖν Ποσειδῶν ante ὠνόμασται o ‖ **2** κατὰ] διὰ C παραχθησομένην *φ* ‖ **3** καὶ del. Vill. ‖ **4** προσγειότερος G | αὐτὸς *b*: αὐτοῦ mQ: om. C ‖ **5** αὐτὸς om. C | ἀρξαμένης Schm.: ἀρξάμενος codd. (ἄρχεται C) κραίνειν καὶ ῥεῖν C ‖ **5–6** κατὰ … φύσεως om. m ‖ **6** αὐτῷ r*bφ*: αὐτῇ Schm.: αὐτῷ Os. | ἢ τάχα ὅτι] τάχα ὅτι r: ἢ ὅτι *δ* ‖ **6–7** κατ' αὐτὸν r*δ* (καθ' αὐτὸν C) **7** αὐτὸν Ἀΐδην V: ἄϊδιν αὐτὸν Q: ἄϊδα αὐτὸν *κ* ‖ **7–8** ὀνομάζομεν *δ* ‖ **8** κατὰ m*b* (ὅτι κατὰ G) | ὡσανεὶ *δ* (οἱονεὶ m) ‖ **8–10** εἰς … ἡμῖν om. *δ* ‖ **10** ἡμῖν om. r | τὸ] τῶν *ρ*: τὸ τῶν o*τ* ‖ **11** τῶν ὄντων φθαρτῶν C ‖ **11–12** κατάγεται *δ* **13** παραδεδομένην m*φ* ‖ **14** ἀντιθέντες x: ἀνατιθέασιν *δ* ‖ **15** ὅτι δὲ Schm. (ἀνατιθέασιν antea) | ὡς τὸ πολὺ *a*: ὡς ἐπὶ πολὺ m ‖ **16** παρεισάγουσι *φ* **17** κεραυνίαις m*b*: κεραυνοῖς *φ* | καὶ] ἢ *δ* | ἐπεὶ δὲ *δ*: ἐπειδὴ δ' Os. | οἱ om. *δ* **18** κατακεράσουσι mZ*ρφ*: καταρρέουσι *σ* (καταρροῦσι N^3): καταράττουσι Os. **18–19** ἀπερχόμενοι mZ*ρ*Q: κατερχόμενοι C ‖ **19** φαίνονται] φέρονται Wytt. **19–5,1** πρῶτον … ἰδεῖν del. Lang ‖ **19–5,1** τὴν … προσηγόρευσαν] ἰδαίαν τουτέστιν ὀρείαν αὐτὴν προσαγορεύοντες μετέωρον ὄρος ὃ (vel ὅθεν) μακρόθεν ἔστιν ἰδεῖν αὐτῇ ἐπωνόμασαν Os. ad loc.

ὄρος καὶ ὃ μακρόθεν ἔστιν ἰδεῖν, ὀρείαν αὐτὴν προσηγόρευσαν καὶ
τὰ γενναιότατα τῶν | ἐν τοῖς ὄρεσι γινομένων ζῴων, τοὺς λέοντας, 6
ἡνιοχουμένους ὑπ' αὐτῆς παρεισήγαγον· τάχα δὲ καὶ ἐπεὶ οἱ
χειμῶνες ἀγριωπόν τι ἔχουσι. πυργωτὸν δὲ περίκειται στέφανον
ἤτοι διὰ τὸ καταρχὰς ἐπὶ τῶν ὀρῶν τίθεσθαι τὰς πόλεις ὀχυρότη-
τος ἕνεκεν ἢ ἐπεὶ ἀρχηγός ἐστι τῆς πρώτης καὶ ἀρχετύπου
πόλεως, τοῦ κόσμου. κωδίαν δ' ἀνατιθέασιν αὐτῇ παριστάντες ὅτι
αἰτία τῆς ζωογονίας αὕτη ἐγένετο. κατὰ τοῦτο δὲ καὶ ἄλλους τινὰς
τύπους περὶ τὸ στῆθος αὐτῆς ἐπιτιθέασιν, ὡς τῆς τῶν ὄντων
ποικιλίας καὶ παντὸς χρήματος δι' αὐτῆς γεγονότος. ἔοικε δ'
αὕτη καὶ ἡ παρὰ Σύροις Ἀταργάτις εἶναι, ἣν καὶ διὰ τοῦ περιστε-
ρᾶς καὶ ἰχθύος ἀπέχεσθαι τιμῶσι, σημαίνοντες ὅτι τὰ μάλιστα
δηλοῦντα τὴν τῆς οὐσίας αἵρεσιν ἀὴρ καὶ ὕδωρ. Φρυγία δ' ἰδίως
εἴρηται διὰ τὸ θρησκεύεσθαι παρὰ τοῖς Φρυξὶν ἐξόχως, παρ' οἷς
καὶ ἡ τῶν γάλλων ἐπεπόλασε παρεδρία τάχα τι τοιοῦτον ἐμφαί-
νουσα, ὁποῖον καὶ παρὰ τοῖς Ἕλλησι περὶ τῆς τοῦ Οὐρανοῦ
ἐκτομῆς μεμύθευται. Πρῶτον μὲν γὰρ ὁ Κρόνος λέγεται καταπί-
νειν τὰ | ἐκ τῆς Ῥέας αὐτῷ γινόμενα τέκνα· εἴληπται μὲν οὖν οὕτω 7
πάνυ εἰκότως, ἐπειδὴ ὅσα ἂν γίνηται κατὰ τὸν εἰρημένον τῆς
κινήσεως λόγον πάλιν κατὰ τὸν αὐτὸν ἐν περιόδῳ ἀφανίζεται· καὶ

20–6,2 καὶ … αὐτῷ] cf. Chrysipp. *Stoic.*, *SVF* 2,1087

1 εἶτα ὀρείαν Reinh. | προσαγορεύσαντες m*b*: προσαγορεύοντες *φ* **3** ἡνιοχουμένους om. C | παρεισάγουσι C | τάχα δὲ καὶ ἐπεὶ] τάχα ἐπεὶ καὶ *δ* **3–4** τάχα … ἔχουσι del. Lang ‖ **4** ἔχουσι] ἐστι V | πυργωτὸς ... στέφανος *θ* **5–6** ὀχυρωτάτου *φ* ‖ **6–7** πρώτης … πόλεως] πρώτης τυπώσεως Schm. **7** πόλεως] πρότερον Q: οὐσίας C | comma post πόλεως Lang | κωδίαν Vill.: καρδίαν codd. ‖ **9** περιτιθέασιν *aφ* ‖ **10** χρώματος ο*φ* | δι' αὐτὴν *a*: ἐξ αὐτῆς Os. | γεγονυίας C ‖ **10–11** δ' ἡ αὐτὴ *b* (δ' αὐτὴ G) *φ*: δι' αὐτὰ m ‖ **11** παρὰ τοῖς Σύροις G: παρ' ἀσσυρίοις C | ἀταργάτις sive ἀταργᾶτις *ab*: αὐταργάτις m: ἀρταγάτης *φ* | καὶ^2 om. *κ* | τοῦ] τοῦτο x*ρ*F: τὸ V^{1}LB*τφ* ‖ **12** σημαίνοντος Z **13** αἵρεσιν] ῥεῦσιν sive κρᾶσιν Wytt.: κίνησιν Schm.: ἀείρυτον σχέσιν Schmidt ὕδωρ ἐστίν C | Φρυγὶς G ‖ **14** εἴρηται] λέγεται *a* (λέγηται x) | ἐξόχως] εὐστόχως x ‖ **15** γάλλων] γάμων *b*: ἄλλων m | τάχα τοιοῦτόν τι *a*: ταχύ τι τοιοῦτον m ‖ **17** ἐκτομῆς] αὐ[.....]μῆς G ‖ **17–18** καταπιεῖν Schm. ‖ **18** αὐτῷ Os. | γεινόμενα L: γινόμενα ex γεινόμενα x | εἴληπται … οὕτω] εἴωθεν οὖν *a*: εἰωθέναι Schmidt ‖ **18–19** εἴληπται … εἰκότως del. Lang ‖ **18** μὲν οὖν del. Schmidt | οὕτω Z*ρφ*: τοῦτο m*θ* (οὕτω B: τούτω N^3): τὸ *τ* ‖ **20** κινήσεως] κτίσεως m | λόγον] τρόπον x (λόγον x^3 supra) | περιόδοις m | ἀφανίζεσθαι V^{1}LG ὁ χρόνος δὲ τοιοῦτόν τί ἐστι· δαπανᾶται γὰρ ὑπ' αὐτοῦ τὰ γινόμενα ἐν αὐτῷ. εἶτα τὴν Ῥέαν φασὶν γεννωμένου αὐτῇ τοῦ Διὸς λίθον ἀντ' αὐτοῦ προσενεγκεῖν ἐσπαργανωμένον τῷ Κρόνῳ, τοῦτον εἰποῦσαν τετοκέναι· κἀκεῖνον μὲν καταποθῆναι ὑπ' αὐτοῦ, τὸν δὲ Δία λάθρᾳ τραφέντα βασιλεῦσαι τοῦ κόσμου. ἐνταῦθ' οὖν ἄλλως εἴληπται ἡ κατάποσις· συντέτακται γὰρ ὁ μῦθος περὶ τῆς τοῦ κόσμου γενέσεως, ἐν ᾧ τότε ἀνετράφη ἡ διοικοῦσα αὐτὸν φύσις καὶ ἐπεκράτησεν, ὅτε εἰς τὸ μεσαίτατον αὐτοῦ ὁ λίθος οὗτος, ὃν καλοῦμεν γῆν, οἱονεὶ καταποθεὶς ἐγκατεστηρίχθη. οὐ γὰρ ἂν ἄλλως συνέστη τὰ ὄντα, εἰ μὴ ὡς ἐπὶ θεμελίου ταύτης ἠρείσθη, γινομένων καὶ τρεφομένων ἐντεῦθεν πάντων.

[7] Τελευταῖον δὲ ὁ μὲν Κρόνος ἱστορεῖται συνεχῶς κατιόντα ἐπὶ τῷ μίγνυσθαι τῇ Γῇ τὸν Οὐρανὸν ἐκτεμεῖν καὶ παῦσαι τῆς ὕβρεως, ὁ δὲ Ζεὺς ἐκβαλὼν αὐτὸν τῆς βασιλείας καταταρταρῶσαι. διὰ γοῦν τούτων αἰνίττονται ὅτι ἡ τῆς τῶν ὅλων γενέσεως τάξις,
8 ἣν ἔφαμεν ἀπὸ τοῦ κραίνειν | Κρόνον εἰρῆσθαι, τὴν γινομένην τέως πολλὴν ῥύσιν τοῦ περιέχοντος ἐπὶ τὴν γῆν ἔστειλε λεπτοτέρας ποιήσασα τὰς ἀναθυμιάσεις. ἡ δὲ τοῦ κόσμου φύσις ἐπισχύσασα, ἣν δὴ Δία ἐλέγομεν καλεῖσθαι, τὸ λίαν φερόμενον τῆς μεταβολῆς ἐπέσχε καὶ ἐπέδησε μακροτέραν διεξαγωγὴν δοὺς αὐτῷ τῷ κόσμῳ. πάνυ δ' εἰκότως καὶ ἀγκυλομήτην καλοῦσι τὸν Κρόνον, ἀγκύλων ὄντων καὶ δυσπαρακολουθήτων ἃ μήτι ἐτέλεσε τοσούτους ἀριθμοὺς ἐξελίττων.

1 τοιοῦτός m | τί om. *δ* ‖ **2** ἐν αὐτῷ] ἐξ αὐτοῦ m*b*: om. *φ* | γενομένου *a*m | αὐτῇ] αὐτοῦ m ‖ **3** ἀντὶ ἑαυτοῦ G: om. m ‖ **4** εἰποῦσα x*δ* | μὲν om. m ‖ **5** λάθρα codd. edd. | ἐνταῦθα x*δ* ‖ **8** οὗτος] αὐτός *a* ‖ **9** καλοῦσι G | ἂν om. x ‖ **10** συνεστῶτα x | ὡς ἐπὶ θεμελίου] ἐπὶ θεμελίου L: καὶ (om. T*κ*) ἐπὶ θεμελίῳ *bφ*: καὶ ἐπιμελίας m | post θεμελίου primum def. B | ταύτης] ταῦτα *κ* | ἐρείσθη mC **12** Τελευταῖον] τέως *δ* | κατιόντι mZ*ρ*: κατιὼν *φ* ‖ **13** τῷ] τὸ Lm | τὸν Οὐρανὸν] τοῦτον δὲ *φ* ‖ **14** δὲ] γὰρ *φ* | κατεταρτάρωσε *bφ*: ἐταρτάρωσε m **15** γοῦν] δὲ *a* | τῶν om. *δ* | ὅλης *φ* ‖ **16** Κρόνον om. *a* (V^2 add.) **18–19** ἐπισχύσασα] ἐπίχυσις (-σεις ο*φ*) ἐπιχύσασα (om. *θ*) *δ* ‖ **19** δὴ] om. *π* (καὶ ο): καὶ *φ* | λέγομεν x ‖ **20** ἐπεπέδησε *φ* (ἐπεπήδησε Q): ἐπεδήμησε m μακρότερον διεξαγαγὼν (διεξαγαγών. καὶ C) *φ* ‖ **21** αὐτῷ] αὖθις Schm. **21–23** πάνυ … ἐξελίττων del. Lang ‖ **21** καὶ om. *b* | ἀγκυλομῆτιν *σφ*: ἀγγυλομῆτις m: ἐγκιλομῆτιν *ρ* ‖ **21–22** καλοῦσι … Κρόνον] ὠνόμασται ὁ Κρόνος m ‖ **22–23** ἃ … ἐξελίττων] ἃ μὴ τέλος ἔχει ὁδούς τινας ὡρισμένας ἐξελίττον Schm. ‖ **22** μήτι ἐτέλεσε Schmidt: μὴ τελέσεται codd. (μετελεύσεται G mg.: μὴ τελέσηται *κ*): μητιάσεται vel μήτι τελέσει Lang: μητίεται Wytt.

[8] Κατ' ἄλλον δὲ λόγον τὸν Ὠκεανὸν ἔφασαν ἀρχέγονον εἶναι πάντων – οὐ γὰρ μία μυθολογία περὶ τοῦτον ἐγένετο τὸν τόπον –, τούτου δ' εἶναι γυναῖκα τὴν Τηθύν. ἔστι δ' Ὠκεανὸς μὲν ὁ ὠκέως νεόμενος λόγος καὶ ἐφεξῆς μεταβάλλων, Τηθὺς δὲ ἡ ἐπὶ τῶν ποιοτήτων ἐπιμονή. ἐκ γὰρ τῆς τούτων συγκράσεως ἢ μίξεως ὑφίσταται τὰ ὄντα· οὐδὲν δ' ἂν ἦν, εἰ θάτερον μόνον ἄμικτον ἐπεκράτει.

[9] Μετὰ δὲ ταῦτα ἄλλως ὁ Ζεὺς πατὴρ λέγεται θεῶν καὶ 9
ἀνθρώπων εἶναι διὰ τὸ τὴν τοῦ κόσμου φύσιν αἰτίαν γεγονέναι τῆς τούτων ὑποστάσεως, ὡς οἱ πατέρες γεννῶσι τὰ τέκνα. νεφεληγερέτην δ' αὐτὸν καὶ ἐρίγδουπον καλοῦσι καὶ τὸν κεραυνὸν αὐτῷ καὶ τὴν αἰγίδα ἀνατιθέασι τῷ ἄνω ὑπὲρ ἡμᾶς τὰ νέφη καὶ τὰς βροντὰς συνίστασθαι καὶ τοὺς κεραυνοὺς ἐκεῖθεν καὶ τὰς καταιγίδας ἐνσκήπτειν, ἄλλως ἤδη τῷ τὸν οὐρανὸν λελογχότι θεῷ παντὸς τοῦ ὑπὲρ τὴν γῆν τόπου ἀπονεμομένου. καὶ διὰ μὲν τὰς αἰγίδας, αἳ δὴ ἀπὸ τοῦ ἀΐσσειν τὸ ὄνομα ἔσχον, αἰγίοχος ἐκλήθη, δι' ἄλλας δὲ ὁμοειδεῖς καὶ εὐεπιγνώστους αἰτίας ὑέτιος καὶ ἐπικάρπιος καὶ καταιβάτης καὶ ἀστραπαῖος καὶ ἄλλως πολλαχῶς κατὰ διαφόρους ἐπινοίας. καὶ σωτῆρα καὶ ἕρκειον καὶ πολιέα καὶ πατρῷον καὶ ὁμόγνιον καὶ ξένιον καὶ κτήσιον καὶ βουλαῖον καὶ τροπαιοῦχον καὶ ἐλευθέριον αὐτὸν προσαγορεύουσιν, ἀπεριλήπτων ὅσων ὀνομασιῶν αὐτοῦ τοιούτων οὐσῶν, ἐπειδὴ διατέτακεν εἰς πᾶσαν δύναμιν καὶ

1 ἀρχηγὸν *δ* ‖ **2** μυθολογία] θεολογία M | ἐγίνετο mZ ‖ **3** τούτου … Τηθύν om. *δ* | τὴν codd.: om. Lang ‖ **4** νεόμενος λόγος] νοούμενος λ. m*φ*: νέων κύκλος Ald: νοούμενος κύκλος Sylb: ἀνυόμενος κύκλος Vill.: ἀνύων κύκλος vel κύκλῳ Os. ad loc. | λόγος … μεταβάλλων] καὶ ἐφεξῆς ὁ τῶν μεταβολῶν λόγος Schm. | μεταβαλών *φ* | δὲ om. Q | ἡ om. x*κ* | ἐπὶ] ἐκ G: ὑπὸ K: del. Os. Lang **6–7** μόνον … ἐπεκράτει] μόνον ἐπεκράτει ἄμικτον V[1]: ἄμικτον ἐπεκράτει *δ* **9** τὴν om. Q | αἴτιον m*b* ‖ **10** οἱ] ἂν G | τὰ om. *b* ‖ **11** δὲ καὶ ἐρίγδουπον αὐτὸν *δ* ‖ **11–12** καὶ[2] … ἀνατιθέασι om. *δ* ‖ **12** τῷ] τὸ m: τῶ, τῶ C | τὰ νέφη] νέφη m*σ*: νέφει Z*ρφ* | τὰς om. G*κ* ‖ **13** τὰς] τῷ m ‖ **13–14** κατασκήπτειν *a*: ἐγκόπτειν m ‖ **14** ἄλλως. ἤδη G: ἄλλως ἢ (ἤδη N[3] mg.) N: ἄλλως PM Lang (del.) | λελοχότι *δ* (λελοχότι ὡς m: λελογχότι G): λελαχότι x | λελογχότι θεῷ] λελογχότα καὶ λέγεσθαι θεὸν Schm. ‖ **15** τὴν om. C | καὶ om. C | αἳ] αἷς *δ* **15–16** αἳ … ἔσχον del. Lang ‖ **16** τὸ ὄνομα] τὸ ὁρμᾶν τὸ ὄνομα o: τὸ ὁρμᾶν *τ* **16–17** ὁμοιοειδεῖς *κ* ‖ **17–18** καταβάτης m*κ*: κατεβάτης C ‖ **18** ἄλλως πολλαχῶς om. m: ἄ. δὲ π. C | διάφορον m ‖ **19** ἕρκιον m*φ*: ὅρκιον *b* ‖ **20** καὶ τροπαιοῦχον om. x ‖ **22** αὐτῷ τούτῳ (τούτων *τφ*) *δ* | ἐπεὶ *φ* | διατέτακεν] διαιτᾶται μὲν G

σχέσιν καὶ πάντων αἴτιος καὶ ἐπόπτης ἐστίν. οὕτω δ' ἐρρήθη καὶ
τῆς Δίκης πατὴρ εἶναι – ὁ γὰρ παραγαγὼν εἰς τὰ πράγματα τὴν
10 κοι|νωνίαν τῶν ἀνθρώπων καὶ παραγγείλας αὐτοῖς μὴ ἀδικεῖν
ἀλλήλους οὗτός ἐστι – καὶ τῶν Χαρίτων – ἐντεῦθέν τε γάρ εἰσιν αἱ
τοῦ χαρίζεσθαι καὶ εὐεργετεῖν ἀρχαὶ – καὶ τῶν Ὡρῶν, τῶν κατὰ
τὰς τοῦ περιέχοντος μεταβολὰς σωτηρίους τῶν ἐπὶ γῆς γινομένων
καὶ τῶν ἄλλων ὠνομασμένων ἀπὸ τῆς φυλακῆς. παρεισάγουσι δ'
αὐτὸν τελείου ἀνδρὸς ἡλικίαν ἔχοντα, ἐπεὶ οὔτε τὸ παρηκμακὸς
οὔτε τὸ ἐλλιπὲς ἐμφαίνει, κατηρτυκότι δὲ οἰκεῖον, διὰ τοῦτο καὶ
τελείων αὐτῷ θυομένων. τὸ δὲ σκῆπτρον τῆς δυναστείας αὐτοῦ
σύμβολόν ἐστι, βασιλικὸν φόρημα ὑπάρχον, ἢ τοῦ ἀπτώτως αὐτὸν
ἔχειν καὶ ἀσφαλῶς ὡς τοὺς ἐπὶ βάκτροις ἐρηρεισμένους· τὸ δὲ
κράτος, ὃ ἐν τῇ δεξιᾷ χειρὶ κατέχει, σαφεστέρας ἢ κατ' ἐπεξήγησιν
ὀνομασίας ἐστί. πολλαχοῦ δὲ καὶ Νίκην κρατῶν πλάττεται· περίε-
στι γὰρ πάντων καὶ ἡττᾶν αὐτὸν οὐδὲν δύναται. ἱερὸς δ' ὄρνις
αὐτοῦ ἀετὸς λέγεται εἶναι διὰ τὸ ὀξύτατον τοῦτο τῶν πτηνῶν
εἶναι. στέφεται δ' ἐλαίᾳ διὰ τὸ ἀειθαλὲς καὶ λιπαρὸν καὶ πολύχρη-
στον ἢ διὰ τὴν ἐμφέρειαν τῆς πρὸς τὸν οὐρανὸν γλαυκότητος.
λέγεται δ' ὑπό τινων καὶ ἀλάστωρ καὶ παλαμναῖος τῷ τοὺς
11 ἀλάστορας καὶ παλαμναίους κολάζειν, τῶν μὲν ὠνο|μασμένων ἀπὸ
τοῦ τοιαῦτα ἁμαρτάνειν, ἐφ' οἷς ἔστιν ἀλαστῆσαι καὶ στενάξαι,
τῶν δὲ ἀπὸ τοῦ ταῖς παλάμαις μιάσματα ἀνέκθυτα ἀποτελεῖν.

1 οὕτως *λ*: οὗτος x | ἐρρέθη C ‖ **3** αὐτοὺς *a* ‖ **4** ἐστι καὶ] ἐστι. ἔτι καὶ o | ἐνταῦθα *φ* | τε om. *δ* ‖ **5** χαρίζεσθαι] δανείζεσθαι *δ* ‖ **6** τὰς om. *φ* | περιέχοντος ποιουσῶν C ‖ **6–7** τῶν … ἄλλων] καὶ τῶν γινομένων ἐπὶ γῆς (τῆς γ. *κ*) ἄλλων καὶ C ‖ **7** φυλακῆς] φύσεως *δ* (φύσεως οὗτός ἐστι παροχεύς C) **8** ἔχοντος mZ*ρ* | παρηκμακῶς *ρ*: παρηκμασμένον G ‖ **9** ἐλλειπὲς x*δ* κατηρτυκότι δὲ] τὸ δὲ κατηρτηκὸς C: τὸ κατηρτιμένον δὲ G[2] (κατηρτι δ. G[1]) οἰκεῖον … καὶ] οἰκεῖον τοῦτο καὶ διὰ τοῦτο o: οἰκεῖον τοῦ [.....] διὰ τοῦτο G **10** τελείων … θυομένων] τέλεια … θύουσιν *θ*C: τελείων … θύουσιν *τ* | αὐτῷ] αὐτοῦ mQ ‖ **11–14** βασιλικὸν … ἐστί] om. *δ* ‖ **12** ἔχειν post ἀσφαλῶς x **13** κράτος codd. (dub. ed.): βέλος Schm. ‖ **15** πάντων om. x | οὐδὲν ἡττᾶν αὐτὸν δύναται mZ*τφ*: οὐδὲν δύναται ἡττᾶν αὐτὸν *θ*: οὐδὲν ἡττᾶν δύναται *ρ* **16** αὐτῷ *σ* | αἰετὸς *a*: ὁ ἀετὸς *φ* ‖ **16–17** τοῦτο εἶναι τῶν πτηνῶν m*b* (εἶ. τοῦτον ὀξύτατον τ. πτ. o): τοῦτον εἶ. τ. ἄλλων πτ. *φ* ‖ **19** καὶ[2] om. G ‖ **21** ἀναστῆσαι x ‖ **22** τὰς παλάμας C | μιάσματος *φ* | ἀνέκπλυτα *δ* (ἀνεκπλύτους C) ἐπιτελεῖν *a*

[10] Κατὰ τοῦτον τὸν λόγον καὶ αἱ λεγόμεναι Ἐριννύες γεγόνασιν, ἐρευνήτριαι τῶν ἁμαρτανόντων οὖσαι, Μέγαιρα καὶ Τισιφόνη καὶ Ἀληκτώ, ὡσπερεὶ μεγαίροντος τοῖς τοιούτοις τοῦ θεοῦ καὶ τιννυμένου τοὺς γινομένους ὑπ' αὐτῶν φόνους καὶ ἀλήκτως καὶ ἀπαύστως τοῦτο ποιοῦντος. Σεμναὶ δ' ὄντως αὗται αἱ θεαὶ καὶ Εὐμενίδες εἰσί· κατὰ γὰρ τὴν εἰς τοὺς ἀνθρώπους εὐμένειαν τῆς φύσεως διατέτακται καὶ τὸ τὴν πονηρίαν κολάζεσθαι. φρικώδεις δὲ τὰς ὄψεις ἔχουσι, πυρὶ καὶ μάστιξι τοὺς ἀσεβεῖς διώκουσαι καὶ ὀφιοπλόκαμοι λεγόμεναι, τῷ τοιαύτην τοῖς κακοῖς φαντασίαν ποιεῖν, ἃς ἂν ἀποτίνωσι ποινὰς ἀντὶ τῶν πλημμελημάτων. ἐν Ἅιδου δὲ οἰκεῖν λέγονται διὰ τὸ ἐν ἀσαφεῖ κεῖσθαι τὰς τούτων αἰκίας καὶ ἀπροόρατον ἐφίστασθαι τὴν τίσιν τοῖς ἀξίοις.

[11] Ἀκολούθως δὲ τούτοις λέγεται καὶ ὅτι

πάντ' ἐφορᾷ Διὸς ὀφθαλμὸς καὶ πάντ' ἐπακούει.

πῶς γὰρ οἷόν τέ ἐστι τὴν διὰ πάντων διήκουσαν δύ|ναμιν 12
λανθάνειν τι τῶν ἐν τῷ κόσμῳ γινομένων; προσαγορεύουσι δὲ καὶ μείλιχον τὸν Δία, εὐμείλικτον ὄντα τοῖς ἐξ ἀδικίας μετατιθεμένοις, οὐ δέοντος ἀδιαλλάκτως ἔχειν πρὸς αὐτούς· διὰ τοῦτο γὰρ καὶ ἱκεσίου Διός εἰσι βωμοί.

14 πάντ'^{1} … ἐπακούει] cf. Hom., *Il.* 3,277 (Ἠέλιός θ', ὃς πάντ' ἐφορᾷς καὶ πάντ' ἐπακούεις; cf. *Od.* 11,109, 12,323); Hes., *Op.* 267 (πάντα ἰδὼν Διὸς ὀφθαλμὸς καὶ πάντα νοήσας)

1–2 γεγόνασιν Ἐριννύες x*δ* ‖ **2** ἐρευνήτρια *ρ*: ἐρευνητῆρες *φ* | καὶ om. V*πφ* **3** τοῖς τοιούτοις] τούτοις C ‖ **4** τιννυμένου ἢ ὡς τιμωρουμένου *φ* | τοὺς γινομένους om. m ‖ **5** αὗται ὄντως *δ* ‖ **6** εἰσί om. *φ* | γὰρ om. *δ* (τὸ C) **7** διατάττεσθαι C | καὶ] δὲ καὶ *οτ* | τὸ] τῷ Q ‖ **8** ἔχουσαι *φ* (ἔ. εἰσι C) | καὶ πυρὶ C | post καὶ def. m pars prima ‖ **9** ὀφιοπλόκαμοι λεγόμεναι Lang (cf. Orph., *H.* 69,16, 70,10): ὀφεοπλ. λ. Vx: ὀφεωπλ. λ. L*b*: ὄφεως πλοκάμους ἔχουσαι *φ* | τῷ] τὸ x ‖ **9–10** φαντασίαν τοῖς κακοῖς *δ* ‖ **10** ἃς] ὡς *δ* | ἀποτίνωσι V^{1}x*δ*: ἀποτίσωσι V^{2}L ‖ **11** ᾄδῃ *δ* | δὲ om. Q | λέγεται C | ἀσαφεῖ] ἀσφαλεῖ V^{1}Lx **12** αἰκίας *Ξ*: αἰτίας *ω* | ὑφίστασθαι Z*ρφ* | τίσιν] φοίτησιν *κ* (φοίτησιν αὐτῶν Ald) ‖ **15** διοίκουσαν *φ* (-οῦσαν *κ*Scri) ‖ **17** μειλίχιον Os. ‖ **18** οὐ δέοντος PM: οὐ δεόντως *a* (οὐδὲ ὄντως x): οὐδὲ γὰρ *δ* | ἔχει *σ*C ‖ **19** εἰσὶ Διός C (Διός εἰσι *κ*) punctum post βωμοί del. Lang

[12] καὶ τὰς Λιτὰς ὁ ποιητὴς ἔφη τοῦ Διὸς εἶναι θυγατέρας, χωλὰς μὲν οὔσας διὰ τὸ πίπτειν τοὺς γονυπετοῦντας, ῥυσὰς δὲ ἐπὶ παραστάσει τῆς ἀσθενείας τῶν ἱκετευόντων, παραβλῶπας δὲ τῷ παριδόντας τινάς τινα ὕστερον ἀνάγκην ἴσχειν λιτανείας.

[13] Ὁ Ζεὺς δέ ἐστι καὶ ἡ Μοῖρα διὰ τὸ μὴ ὁρωμένη διανέμησις εἶναι τῶν ἐπιβαλλόντων ἑκάστῳ, ἐντεῦθεν ἤδη τῶν ἄλλων μερίδων μοιρῶν ὠνομασμένων. Αἶσα δέ ἐστιν ἡ ἄιστος καὶ ἄγνωστος αἰτία τῶν γινομένων – ἐμφαίνεται δὲ νῦν ἡ τῶν κατὰ μέρος ἀδηλότης – ἤ, ὡς οἱ πρεσβύτεροι, ἡ ἀεὶ οὖσα. Εἱμαρμένη δέ ἐστι καθ’ ἣν μέμαρπται καὶ συνείληπται πάντα ἐν τάξει καὶ στοίχῳ μὴ ἔχοντι πέρας τὰ γινόμενα [σύλληψιν ἡ ε̅ι̅ συλλαβὴ περιέχει
13 καθάπερ | καὶ ἐν τῷ εἱρμῷ]. Ἀνάγκη δέ ἐστιν ἣν ἆξαι καὶ ἧς περιγενέσθαι οὐκ ἔστιν ἢ ἐφ’ ἣν πᾶν ὃ ἂν γένηται τὴν ἀναγωγὴν λαμβάνει. κατ’ ἄλλον δὲ τρόπον τρεῖς Μοῖραι παρεισάγονται κατὰ τὸ τρισσὸν τῶν χρόνων· καὶ Κλωθὼ μὲν ὠνόμασται μία

1 καὶ … θυγατέρας] cf. Hom., *Il.* 9,502–12 ‖ **5–11,17** Ὁ … ἄξια] cf. Chrysipp. *Stoic.*, *SVF* 2,1092

1–4 καὶ … λιτανείας (§ 12) post Ὁ Ζεὺς ... ἄξια (§ 13) *b* ‖ **1** τοῦ om. *φ* θυγατέρας εἶναι Lx*δ* ‖ **2** ῥυσσὰς codd. ‖ **2–3** ῥυσὰς … ἱκετευόντων] ἐπὶ παραστάσει (περι- *b*) δὲ τῆς ἀσθενείας αὐτῶν πάλιν ῥυσσὰς *δ* ‖ **3** τῷ] τὸ x **4** τινα om. x | post λιτανείας haec *κ*M[2] (ex *κ*) ex Sch. Hom., *Il.* 9,498 Heyne: εἰδωλοποιεῖ [ἀνει- Sch.: εἰδοποιεῖ M[2]Ald] τὰς Λιτὰς ὁ ποιητὴς [ὁ π. om. Sch.] ὡς δαίμονάς τινας. χωλὰς μὲν [μ. οὖν Sch.] αὐτὰς κέκληκεν [-κε Sch.] διὰ τὸ βραδέως καὶ μόλις προσιέναι καὶ λιτανεύειν [γονυκλινεῖς λ. Sch.] ταύτας [τούτους Ald Sch.] οὓς [οὓς ἂν Sch.] προηδικηκότες [-κυῖαι M[2]] ὦσι· ῥυσσὰς [ῥυσὰς Sch.] δὲ [om. Sch.] καὶ διαστρόφους ὄψεις [τὰς ὄ. Ald Sch.], ἐπεὶ βαρέως καὶ οὐ γεγηθότι τῷ προσόπῳ [πρ., οὐδὲ ὀρθῷ τῷ βλέμματι, Sch.] προσορᾶν δύνανται τοὺς προηδικημένους [ἠδικη- M[2]], παρ’ ὧν αἰτοῦνται [ὧν αἱ τοιαῦται Ald] συγγνώμην. Διὸς δὲ θυγατέρας γενεαλογεῖ ὥστε σεβασμίας [σεβασμιωτέρας Sch.] εἶναι. ‖ **5** Ὁ om. *b* | διορωμένη *b* ‖ **6** ἐπιβαλλομένων *δ* **7–8** ἄγνωστος] ἄπιστος x (ἄγνωστος x[3] supra) ‖ **9** ἀδηλία *δ* | ἡ καὶ G | ἴση οὖσα Vill. ‖ **10** μέμαρται *κ* (μεμοίραται *μ*) | καὶ[2]] δὲ καὶ ZA[m]*θ*RQ: δὲ G: om. TC ‖ **10–11** στείχῳ μὴ ἔχοντι x: στοιχείου μὴ ἔχοντος *δ* ‖ **11–12** πέρας … καθάπερ] πέρας τμῆσιν τὰ γινόμενα ὅπερ Vill. ‖ **11** τὰ om. *δ* | γινομένη G σύλληψιν ἡ ε̅ι̅ Nauck: βυλλημνησιν ἡ πρώτη x: βύλμησιν ἡ πρώτη *δ* (βύλμησις ἡ πρώτη *b*: [...]λμησιν ει ἡ πρώτη QSylb: ἅπερ ἡ πρώτη C): ἡ πρώτη *λ* ‖ **11–12** σύλληψιν … εἱρμῷ del. Lang ‖ **12** ἆξαι codd. (ἆρξαι x): ἄγξαι Str. ‖ **13** περιγίνεσθαι *ρθ*R | οὐκ ἔστιν om. x | πᾶν γὰρ C | γίνηται V ἀγωγὴν *π* ‖ **14** λαμβάνειν Z*ρ* | δὲ om. *φ* ‖ **15** τῷ χρόνῳ *δ* αὐτῶν ἀπὸ τοῦ κλώσει ἐρίων ἐοικέναι τὰ γινόμενα ἄλλων ἄλλοις ἐπιπιπτόντων, καθὸ καὶ νήθουσαν αὐτὴν πρεσβυτάτην διατυποῦσι, Λάχεσις δ' ἄλλη ἀπὸ τοῦ τῇ κατὰ τοὺς κλήρους λήξει τὰ ἀποδιδόμενα ἑκάστῳ προσεοικέναι, Ἄτροπος δὲ ἡ τρίτη διὰ τὸ ἀτρέπτως ἔχειν τὰ κατ' αὐτὴν διατεταγμένα. ἡ δ' αὐτὴ δύναμις οἰκείως ἂν δόξαι τῶν τριῶν προσηγοριῶν τυγχάνειν. αὕτη δέ ἐστι καὶ Ἀδράστεια, ἤτοι παρὰ τὸ ἀνέκφευκτος καὶ ἀναπόδραστος εἶναι ὠνομασμένη ἢ παρὰ τὸ ἀεὶ δρᾶν τὰ καθ' ἑαυτήν, ὡσὰν ἀειδράστεια οὖσα, ἢ τοῦ στερητικοῦ μορίου πλῆθος νῦν ἀποδηλοῦντος ὡς ἐν τῇ

ἀξύλῳ ὕλῃ·

πολυδράστεια γάρ ἐστι. Νέμεσις δὲ ἀπὸ τῆς νεμήσεως προσηγόρευται – διαιρεῖ γὰρ τὸ ἐπιβάλλον ἑκάστῳ – , Τύχη δὲ ἀπὸ τοῦ τεύχειν ἡμῖν τὰς περιστάσεις καὶ τῶν συμπιπτόντων τοῖς ἀνθρώποις δημιουργὸς εἶναι, Ὄπις δὲ ἀπὸ τοῦ λανθάνουσα καὶ ὥσπερ παρακολουθοῦσα ὄπισθεν καὶ | παρατηροῦσα τὰ 14
πραττόμενα ὑφ' ἡμῶν κολάζειν τὰ κολάσεως ἄξια.

[14] Λέγεται δ' ἐκ Μνημοσύνης γεννῆσαι τὰς Μούσας ὁ Ζεύς, ἐπειδὴ καὶ τῶν κατὰ παιδείαν μαθημάτων αὐτὸς εἰσηγητὴς ἐγένετο, ἃ διὰ μελέτης καὶ κατοχῆς ἀναλαμβάνεσθαι πέφυκε ὡς ἀναγκαιότατα πρὸς τὸ εὖ ζῆν ὄντα. καλοῦνται δὲ Μοῦσαι ἀπὸ τῆς μώσεως, τουτέστι ζητήσεως, καθὸ εἴρηται

8–9 ἢ … οὖσα] cf. Sch. Pl., *ad R.* 451a Gr. ‖ **11** ἀξύλῳ ὕλῃ] Hom., *Il.* 11,155

1 αὐτῶν om. *φ* | ἐρίων Gale: ἔργων codd. ‖ **2** ἐπεμπιπτόντων *θ*: ἐμπιπτόντων *φ* | καὶ καθὸ καὶ *b* | πρεσβυτάτην] οἱ πρεσβύτατοι *φ* ‖ **3** ἄλλη δὲ Λάχεσις *φ* (-ην … -ιν C) | τοὺς om. *δ* | σκλήρους x ‖ **5** ἄτρεπτα ἔχειν L: ἔχειν ἄτρεπτα V αὐτὴ] αὐτῶν C ‖ **6** δέ om. Q ‖ **7** ἀνέφυκτος *π* ‖ **8** κατ' αὐτὴν *δ*: καθ' αὑτήν Lang | ὡσανεὶ Z*φ*: οἱονεὶ *π* ‖ **8–9** ἀδράστεια *ρ* ‖ **9** πλῆθος νῦν] νῦν τὸ πολὺ *φ* ἐπιδηλοῦντος *δ* ‖ **10** ἐν τῇ om. *δ* ‖ **11** ἄξυλος ὕλη *δ* ‖ **13** προσηγορεύθη *δ* **13–15** διαιρεῖ … εἶναι om. *φ* ‖ **15** ἀνθρωπίνοις *b* | λανθάνειν C ‖ **15–16** καὶ … παρακολουθοῦσα om. *φ* ‖ **16** ὥσπερ] ὡς *λ* | παρακολουθοῦσαν x | παρατηρεῖν C ‖ **17** πραττόμενα] προαγόμενα x | καὶ κολάζειν *λτφ* | τὰ … ἄξια] κολαστήρια ἄξια Z: κολαστήρια (-ίοις *τ*) ἀξίοις *π* ‖ **19** αὐτὸς om. *δ* ‖ **20** ἃ διὰ] ἃ δὴ ἐκ (καὶ ἐκ C) *δ* | ὡς *σ*: καὶ ὡς cett. ‖ **21** ἀναγκαιότατον Z*ρ* | ζῆν εὖ *δ* | δὲ om. *b* ὦ πονηρέ, μὴ τὰ μαλακὰ μῶσο, μὴ τὰ σκλήρ' ἔχῃς.

ἐννέα δ' εἰσὶ διὰ τὸ τετραγώνους, ὥς φησί τις, καὶ περιττοὺς τοὺς προσήκοντας αὐταῖς ἀποτελεῖν· τοιοῦτος γάρ ἐστιν ὁ τῶν ἐννέα ἀριθμός, συνιστάμενος κατὰ τὸ ἐφ' ἑαυτὸν γενέσθαι τὸν πρῶτον ἀπὸ τῆς μονάδος τελειότητός τινος μετέχειν δοκοῦντα ἀριθμόν. | λέγονται δὲ παρά τισι καὶ δύο μόναι εἶναι, παρ' οἷς δὲ τρεῖς, παρ' οἷς δὲ τέσσαρες, παρ' οἷς δὲ ἑπτά· τρεῖς μὲν διὰ τὴν προειρημένην τῆς τριάδος τελειότητα ἢ καὶ διὰ τὸ τρία γένη σκεμμάτων εἶναι, δι' ὧν ὁ κατὰ φιλοσοφίαν λόγος συμπληροῦται· δύο δὲ ἀπὸ τοῦ θεωρεῖν τε καὶ πράττειν τὰ δέοντα ἐπιβάλλειν ἡμῖν καὶ ἐν δυσὶ τούτοις συνίστασθαι τὸ πεπαιδεῦσθαι· τέσσαρες δὲ καὶ ἑπτὰ τάχα διὰ τὸ τὰ παλαιὰ τῶν μουσικῶν ὄργανα τοσούτους φθόγγους ἐσχηκέναι. θήλειαι δὲ παρήχθησαν τῷ καὶ τὰς ἀρετὰς καὶ τὴν παιδείαν θηλυκὰ ὀνόματα ἐκ τύχης ἔχειν πρὸς σύμβολον τοῦ ἐνδομενείας καὶ ἑδραιότητος τὴν πολυμάθειαν περιγίνεσθαι. σύνεισι δὲ καὶ συγχορεύουσιν ἀλλήλαις πρὸς παράστασιν τοῦ τὰς ἀρετὰς ἀχωρίστους αὐτῶν καὶ ἀδιαζεύκτους εἶναι. περὶ δὲ τοὺς τῶν

1 ὦ … ἔχῃς] Epich., fr. 236 K.–A.

1 ὦ πονηρέ om. *κ* | μῶσο Ahr.: μώσεο *λ*: μῶες τ: μώεο cett. | σκληρὰ codd. ἔχε *b* ‖ **2** ad ἐννέα hoc schema *φ* mg.:

α	α	α
α	α	α
α	α	α

φήσει *δ* | περισσοὺς *π* ‖ **3** προσέχοντας Wytt. | τοιοῦτο x*b* (-ον *τ*) ‖ **4** ἐφ' ἑαυτοῦ Wytt.: ἀφ' ἑαυτοῦ Vill. ‖ **4–5** γενέσθαι … τινος] γεννᾶσθαι καὶ τῷ (τὸ C) τοῦ πρώτου ἀπὸ τῆς τελειότητος κατά τινας *φ*: γεννᾶσθαι ἀπὸ τοῦ πρώτου ἀπὸ μονάδος τελειότητός τινος Wytt. ‖ **5** τῆς om. *a* | μετέχειν τινὸς x | δοκοῦντος ἀριθμοῦ V^{1}L Wytt.: δοκοῦν ἀριθμοῦ *φ* ‖ **6** post λέγονται inc. denuo B | καὶ παρά τισι Lx | μόνον Lx*φ* | δὲ^2 καὶ *π* ‖ **7** τέτταρες *a* Lang | τὴν om. x **8** τελειότητος B | καὶ om. x ‖ **10** τε om. *b* | ἐπιβάλλει (-ειν B^2) ἡμῖν *b*: om. C **11** τέτταρες Lang ‖ **12** ὀργάνων *δ* ‖ **13** θήλεια δὲ παρῆχθαι *b* ‖ **13–14** τῷ … ἔχειν del. Nauck ‖ **13** καὶ^1 om. *δ* ‖ **14** πρὸς συμβόλαιον *b*: ἢ πρὸς σύμβολον Schm. ‖ **14–15** τοῦ … ἑδραιότητος] τοῦτο καὶ ἑ. *b*: τοῦτο καὶ (καὶ om. C) ἑδραιότατον τοῦ *φ*: τοῦ ⟨ἐξ⟩ ἐνδομενείας καὶ ἑ. Lang: τοῦτο τοῦ ⟨ἐξ⟩ ἑ. Vill.: τοῦ ἐνδομενείᾳ καὶ ἑδραιότητι Hase ‖ **15** πολυμαθίαν x | περιγίνεσθαι] ἔστι δ' εἰπεῖν καὶ διὰ τὸ γόνιμον ὃ ψυχῇ (-ῆς C) διαγνώσεως (-ει C) γίνεται postea *φ* ‖ **17** αὑτῶν Vill.

θεῶν ὕμνους καὶ τὴν θεραπείαν κατασχολοῦνται μάλιστα, ἐπειδὴ στοιχεῖον παιδείας ἐστὶ τὸ ἀφορᾶν πρὸς τὸ θεῖον καὶ τοῦθ' ὑπόδειγμα τοῦ βίου ποιησαμένους ἀνὰ στόμα ἔχειν δεῖ.

ἄλλως δὲ Κλειὼ μὲν μία τῶν Μουσῶν ἐστιν ἀπὸ τοῦ κλέους
τυγχάνειν τοὺς | πεπαιδευμένους καὶ αὐτούς τε καὶ ἑτέρους κλεί- 16
ζειν, Εὐτέρπη δὲ ἀπὸ τοῦ τὰς ὁμιλίας αὐτῶν ἐπιτερπεῖς καὶ ἀγωγοὺς εἶναι, Θάλεια δὲ ἤτοι διὰ τὸ θάλλειν αὐτῶν τὸν βίον ἢ διὰ τὸ ἔχειν αὐτοὺς καὶ τὴν συμποτικὴν ἀρετὴν ἐπιδεξίως καὶ εὐμούσως ἐν ταῖς θαλείαις ἀναστρεφομένους, Μελπομένη δὲ ἀπὸ τῆς μολπῆς γλυκείας τινὸς φωνῆς μετὰ μέλους οὔσης – μέλπονται γὰρ ὑπὸ πάντων οἱ ἀγαθοὶ καὶ μέλπουσι καὶ αὐτοὶ τοὺς θεοὺς καὶ τοὺς πρὸ αὐτῶν γεγονότας –, Τερψιχόρη δὲ διὰ τὸ τέρπεσθαι καὶ χαίρειν αὐτοὺς τὸ πλεῖστον μέρος τοῦ βίου ἢ διὰ τὸ καὶ ἀπὸ τοῦ ὁρᾶσθαι παρέχειν τέρψιν τοῖς προσπελάζουσιν αὐτοῖς, ἑνὸς στοιχείου πλεονάζοντος ἐν τῷ ὀνόματι, τάχα δὲ ἐπεὶ καὶ χόρους ἵστασαν οἱ παλαιοὶ τοῖς θεοῖς, συντιθέντων αὐτοῖς τὰς ᾠδὰς τῶν σοφωτάτων· ἡ δὲ Ἐρατὼ πότερον ἀπὸ τοῦ ἔρωτος λαβοῦσα τὴν ὀνομασίαν τὴν περὶ πᾶν εἶδος φιλοσοφίας ἐπιστροφὴν παρίστησιν ἢ τῆς περὶ τὸ ἔρεσθαι καὶ ἀποκρίνεσθαι δυνάμεως ἐπίσκοπός ἐστιν, ὡς δὴ διαλεκτικῶν ὄντων τῶν σπουδαίων· Πολύμνια δέ
ἐστιν ἡ πολυύμνητος ἀρετὴ ἢ μᾶλλον | ἴσως ἡ πολλοὺς ὑμνοῦσα 17
καὶ ὅσα περὶ τῶν προγενεστέρων ὑμνεῖται παρειληφυῖα καὶ τῆς ἔκ τε ποιημάτων καὶ τῶν ἄλλων συγγραμμάτων ἱστορίας ἐπιμελου-

4–14,5 ἄλλως ... φησι] de Musarum nominibus ac ordine, cf. Hes., *Th.* 77–9

2 στοιχεῖον καὶ ἀρχὴ *φ* ‖ **4–14,6** ἄλλως ... ὀπηδεῖν dub. Lang ‖ **5** τε καὶ] καὶ *λ* (τε καὶ V[2]) *φ* | ἑτέρους] τοὺς ἑταίρους Os. ad loc. ‖ **6** εὐτερπεῖς *δ* Mehl. **7** ἀγωγοὺς *ab* (ἀγώγους G): εὐαγώγους *φ*: ἐπαγωγοὺς Mehl.: ἐπαγώγους Vill. | θάλλειν] λανθάνειν x | τὸν βίον αὐτῶν *φ* ‖ **8** ἐπαξίως *φ* ‖ **9** εὐμούσοις Z: ἐμμούσως C | ἀναστρεφομένους ἐ. τ. θαλείαις (θαλίαις *b*) *δ* ‖ **10** γλυκείας τινὸς] τινὸς γλ. τινὸς Z*ρ*: γλ. καὶ τῆς Q: καὶ τῆς γλ. C | μετὰ] κατὰ *σ* (μετὰ oG) ‖ **11** οἱ ἀγαθοὶ ἀπὸ πάντων *δ* ‖ **12** αὐτῶν Vill.: αὐτῶν codd. ‖ **13** αὐτοὺς] αὐτῇ *δ* | διὰ τὸ om. *σ* | καὶ om. *δ* ‖ **14** παρέχειν om. *b* | αὐτοῖς] αὐτῇ *φ*: om. *b* **15** ἐπεὶ καὶ] ἐπεὶ *π* (ἐπὶ G): καὶ ἐπεὶ Os. ‖ **16** ἵστησαν Z: ἔστησαν *φ* συντεθέντων *φ* ‖ **17** σοφωτέρων *δ* | πρότερον *π* ‖ **18** ἐπιστροφὴν om. *φ* **19** περὶ] παρὰ *b* | εἴρεσθαι *φ* | ἐπίσκοπός] ἐπίσημός *φ* ‖ **20** ὄντων καὶ *φ* **21** πολὺ ὕμνητος L | ἢ μᾶλλον ἴσως Vill.: μᾶλλον ἴσως *a*: ἢ μᾶλλον *δ* ὑμνοῦσα] ὕμνους *a* ‖ **22** περὶ] παρὰ oG ‖ **23** τῶν ποιημάτων Os. **23–14,1** ἐπιμελομένη Z*ρ*oQ μένη. Οὐρανία δέ ἐστιν ἡ περὶ τὰ οὐράνια καὶ τὴν τῶν ὅλων φύσιν ἐπιστήμη – τὸν γὰρ ὅλον κόσμον οὐρανὸν ἐκάλουν οἱ παλαιοί –, Καλλιόπη δὲ ἡ καλλίφωνος καὶ καλλιεπὴς ῥητορική, δι᾽ ἧς καὶ πολιτεύονται καὶ δήμοις προσφωνοῦσιν, ἄγοντες αὐτοὺς πειθοῖ καὶ οὐ βίᾳ ἐφ᾽ ὅτι ἂν προαιρῶνται, δι᾽ ἣν αἰτίαν ταύτην μάλιστά φησι

βασιλεῦσιν ἅμ᾽ αἰδοίοισιν ὀπηδεῖν.

ἀποδίδοται δὲ αὐταῖς ποικίλα ὄργανα, ἐμφαίνοντος ἑκάστου ὅτι ἥρμοσται καὶ σύμφωνος αὐτὸς ἑαυτῷ καὶ ὁμολογούμενος ὁ τῶν ἀγαθῶν βίος ἐστί. συγχορεύει δ᾽ αὐταῖς ὁ Ἀπόλλων διὰ τὴν κοινωνίαν τῆς μουσικῆς· παραδίδοται γὰρ καὶ οὗτος κιθαριστὴς δι᾽ ἣν εἴσῃ μετ᾽ ὀλίγον αἰτίαν. ἐν δὲ τοῖς ὄρεσί φασι χορεύειν, ἐπειδὴ χρείαν ἔχουσι τοῦ μονάζειν καὶ συνεχῶς εἰς τὴν ἐρημίαν ἀναχωρεῖν οἱ φιλομαθοῦντες,

ἧς χωρὶς οὐδὲν σεμνὸν ἐξευρίσκεται

κατὰ τὸν κωμικόν. τούτου δ᾽ ἕνεκεν καὶ ἐπὶ ἐννέα νύκτας λέγεται
18 συγγενόμενος τῇ Μνημοσύνῃ ὁ Ζεὺς γεννῆσαι | αὐτάς· καὶ γὰρ τῆς ἐν νυκτὶ ζητήσεως δεῖ πρὸς τὰ κατὰ παιδείαν· εὐφρόνην γοῦν οὐ δι᾽ ἄλλο τι οἱ ποιηταὶ τὴν νύκτα ἐκάλεσαν, καὶ ὁ Ἐπίχαρμος

αἴ τί κα, φησί, ζατῇς σοφόν, τᾶς νυκτὸς ἐνθυμητέον,

καὶ

6 βασιλεῦσιν ... ὀπηδεῖν] Hes., *Th.* 80 (ὀπηδεῖ) ‖ **14** ἧς ... ἐξευρίσκεται] incerti comici, fr. 143 K.–A. ‖ **17–18** εὐφρόνην ... ἐκάλεσαν] cf. Hes., *Op.* 560; Eur., *Tr.* 665 etc. ‖ **19** αἴ τί κα ζατῇς ... ἐνθυμητέον] Epich., fr. 259,1 K.–A.

3 καὶ[1] om. C ‖ **4** προφωνοῦσιν x | αὐτοὺς om. *δ* ‖ **5** ταύτην αἰτίαν V: αἰτίαν Z (ταύτην post αἰ. Z[2]) | φασι *a*N[3]: φησιν *ρ* ‖ **7** ἀναδίδονται *a* (ἀναδίδοται x): ἀποδέδοται *φ*: ἀποδίδονται Lang | ποικιλία ἔργα *φ* | ἐμφαίνουσα C ‖ **8** ἑαυτῷ] αὐτῷ *b* (αὑτῷ B[2]G) *φ* ‖ **9** αὐταῖς καὶ *φ* ‖ **10** παραδέδοται C ‖ **12** μονάζειν] μεμονωμένως *φ* | ἠρεμίαν *ρφ* ‖ **13** φιλοσοφοῦντες *δ* ‖ **14** οὐδὲ σεμνὸν x: σεμνὸν οὐδὲν *λ* | εὑρίσκεται *δ* ‖ **15** ἕνεκα *φ* | ἐπὶ om. *φ* | νύκτας om. *κ* | λέγονται Z*ρτ* | post λέγεται inc. m (pars secunda) ‖ **16** ὁ Ζεὺς τῇ Μνημοσύνῃ *δ* **17** ζητήσεως] γεννήσεως x ‖ **17–18** γοῦν οὐκ [διὰ] ἄλλο τι ὁ ποιητὴς x: γὰρ οἱ ποιηταὶ οὐ δι᾽ ἄλλο τι *δ* ‖ **18** ἐκάλεσε x | ὁ om. *δ* ‖ **19** αἴ τί κα Kai.: αὐτίκα *a*: εἴτι τε *b*: εἴτε τι *φ*: ὅτι τε m: αἴτε τι Por. Lor. | ζατῇς σοφόν Kai.: ζητεῖς (ζητεῖ x) σοφὸν codd.: ζατεῖ σοφόν τις Por. (ζητεῖ σ. τις) Lor. | τᾶς Kai.: τὰς *a*: τῆς *δ* πάντα τὰ σπουδαῖα νυκτὸς μᾶλλον ἐξευρίσκεται.

τινὲς δ' Οὐρανοῦ καὶ Γῆς ἔφασαν αὐτὰς φῦναι ὡς ἀρχαιότατον ἡγεῖσθαι τὸν περὶ τούτων λόγον δέοντος. στεφανοῦνται δὲ φοίνικι, ὡς μέν τινες νομίζουσιν, διὰ τὴν ὁμωνυμίαν, ἀπὸ τοῦ Φοινίκων δοκεῖν εὑρήματα εἶναι τὰ γράμματα, ὡς δ' εὐλογώτερόν ἐστ' ἔχειν, διὰ τὸ τρυφερὸν καὶ εὐερνὲς καὶ ἀείζωον καὶ δυσανάβατον καὶ γλυκύκαρπον τοῦ φυτοῦ.

[15] Ἐπιβάλλοντος δ' ἡμῖν, ὡς εἴρηται, καὶ εὐεργετικοῖς εἶναι, παραδεδώκασιν οἱ πλεῖστοι Διὸς θυγα|τέρας τὰς Χάριτας οἱ 19
μὲν ἐξ Εὐρυδόμης αὐτῷ γεγονυίας τῷ μάλιστα ἐξ εὑρέων καὶ διαβεβηκότων δόμων τὰς δωρεὰς φιλεῖν δίδοσθαι, οἱ δ' ἐξ Εὐρυνόμης, καὶ τούτου παριστάντος ὅτι χαριστικώτεροί πώς εἰσιν ἢ ὀφείλουσιν εἶναι οἱ μεγάλους κλήρους νεμόμενοι, τινὲς δ' ἐξ Εὐρυμεδούσης, εἰς ταὐτὸ συντείνοντος καὶ τούτου τοῦ ἐτύμου, κυριεύουσι γὰρ τῶν ἰδίων οἱ ἄνθρωποι· τὴν δ' Ἥραν ἄλλοι διδόασιν αὐταῖς μητέρα, ἵν' εὐγενέσταται τῶν θεῶν ὦσιν, ὡς περὶ τῶν πράξεών εἰσι. πρὸς ἄλλην δὲ ἔμφασιν γυμναὶ παρεισάγονται, ὡς καὶ τῶν μηδὲν κτῆμα ἐχόντων ὑπουργεῖν τινα ὠφελίμως καὶ χαρίζεσθαι πολλὰ δυναμένων καὶ οὐ περιουσιάζεσθαι πάντως, ἵνα τις εὐεργετικὸς ᾖ, δέοντος, ὡς εἴρηται καὶ τὸ

ξενίων δέ τε θυμὸς ἄριστος·

1 πάντα … ἐξευρίσκεται] Epich., fr. 259,2 K.–A. ‖ 11–13 οἱ … νεμόμενοι] cf. Chrysipp.*Stoic.*, *SVF* 2,1083 ‖ 21 ξενίων … ἄριστος] incerti epici

1 νυκτὶ *δ* | ἐξευρίσκεται Por.: εὑρίσκεται codd. ‖ 2–3 τινὲς … δέοντος del. Lang ‖ 3 δέοντος M²G: δεόντως cett. | δὲ om. m*b* ‖ 4 καὶ ὡς *π* | τοῦ] τῶν m*π* 5 εὑρέματα x: εὕρημα *λ* (-εμα L): εὑρημένα *σ* | τὰ om. *ρ* ‖ 5–6 ἐστ' ἔχειν] ἔτ' ἔχειν L: ἐστι *δ* ‖ 6 εὐτρύφερον *a* | εὐεργὲς *φ* ‖ 7 post γλυκύκαρπον def. denuo B ‖ 8 ἐπιβάλλουσι *σ*: ἐπιβαλλόντως *φ* | εὐεργετικὰς *bφ* ‖ 9 Χάριτας οὔσας *a* 10 αὐτῷ] αὐτὰς C | ἐξ εὑρέων] ἐξ ἑδραίων *b* (ἐξε[...]αίων Z, ἐξε fin. l.): ἐξηρεμένων m: ἀπὸ ἐξηρμένων *φ* ‖ 11 διαβεβοημένων M²Ald | φιλεῖν om. *π* 12 καὶ τούτου παριστῶντος m*b*: κἂν τούτῳ παριστῶντες *φ* ‖ 16 ἵν'] καθὸ *φ*: om. m*b* ‖ 16–17 ὦσιν … πράξεών om. *δ* ‖ 16 ὡς ὃ x ‖ 17 εἰσι] ἠσί *λ* (ἤσιος PM) ‖ 18 κτημάτων L | καὶ ὠφελίμως καὶ m*bκ* ‖ 18–19 καὶ χαρίζεσθαι πολλὰ Schmidt: χ. π. codd. (del Lang) ‖ 19 τῶν οὐ πολλὰ *φ* | πολλὰ … περιουσιάζεσθαι om. *κ* | περιουσιάζεσθαι δεῖ *σ* ‖ 20 δέοντος Koen.: δεόντως codd.

τινὲς δὲ οἴονται διὰ τῆς γυμνητείας αὐτῶν παρίστασθαι τὸ εὐλύτως καὶ ἀνεμποδίστως δεῖν ἔχειν πρὸς τὸ χαρίζεσθαι. λέγονται δ' ὑφ' ὧν μὲν δύο εἶναι, ὑφ' ὧν δὲ τρεῖς· δύο μέν, ἐπειδὴ τοὺς μὲν προκατάρχειν δεῖ χάριτος, τοὺς δὲ ἀμείβεσθαι· τρεῖς δέ, ἐπειδὴ καλῶς ἔχει τὸν τετευχότα ἀμοιβῆς ἑστάναι πάλιν χαριστικῶς, ἵνα ἀκαταπαύστως τοῦτο γίνηται, τοιοῦτόν τι καὶ τῆς χορείας αὐτῶν ἐμφαινούσης. ἕτεροι δ' ἔφα|σαν μίαν μὲν εἶναι Χάριν τὴν περὶ τὸν ὑπουργοῦντά τι ὠφελίμως, ἑτέραν δὲ τὴν περὶ τὸν δεχόμενον τὴν ὑπουργίαν καὶ ἐπιτηροῦντα τὸν καιρὸν τῆς ἀμοιβῆς, τρίτην δὲ τὴν περὶ τὸν ἀνθυπουργοῦντά τι καθ' αὑτὸν ἐν καιρῷ. ἱλαρῶς δ' εὐεργετεῖν δέοντος καὶ ἱλαροὺς ποιουσῶν τοὺς εὐεργετουμένους τῶν Χαρίτων, πρῶτον μὲν κοινῶς ἀπὸ τῆς χαρᾶς πᾶσαι Χάριτες ὠνομασμέναι εἰσί· καὶ εὔμορφοι δὲ λέγονται εἶναι καὶ εὐείδειαν καὶ πιθανότητα χαρίζεσθαι· εἶτα κατ' ἰδίαν ἡ μὲν Ἀγλαΐα προσηγόρευται, ἡ δὲ Θάλεια, ἡ δὲ Εὐφροσύνη, διὰ τοῦτο ἐνίων καὶ Εὐάνθην φησάντων μητέρα αὐτῶν εἶναι, τινῶν δ' Αἴγλην. συνοικεῖν δ' Ὅμηρος ἔφη μίαν τῶν Χαρίτων τῷ Ἡφαίστῳ διὰ τὸ ἐπιχάριτα εἶναι τὰ τεχνικὰ ἔργα.

[16] Ἡγεμόνα δὲ παραδιδόασιν αὐτῶν τὸν Ἑρμῆν, ἐμφαίνοντες ὅτι εὐλογίστως χαρίζεσθαι δεῖ καὶ μὴ εἰκῇ, ἀλλὰ τοῖς ἀξίοις· ὁ γὰρ ἀχαριστηθεὶς ὀκνηρότερος γίνεται πρὸς τὸ εὐεργετεῖν. τυγχάνει δὲ ὁ Ἑρμῆς ὁ λόγος ὤν, ὃν ἀπέστειλαν πρὸς ἡμᾶς ἐξ οὐρανοῦ

12–13 ἀπὸ … Χάριτες] cf. Apollod., *FGrH* 244 F 90 ‖ **14–15** εἶτα … Εὐφροσύνη] de Gratiarum nominibus, cf. Hes., *Th.* 909 ‖ **17–18** συνοικεῖν … Ἡφαίστῳ] cf. Hom., *Il.* 18,382–3; Hes., *Th.* 945–6

3 εἶναι δύο *δ* ‖ **4** δεῖ προκατάρχειν *φ* ‖ **5** ἐπειδὴ om. Q | οὐ καλῶς C **5–6** πάλιν χαριστικῶς] χαριστικῆς, ἀλλὰ πάλιν χαρίζεσθαι *φ* ‖ **6** τοιοῦτόν τι Lang: καὶ τοῦθ' ὅτι *amb*: καὶ τοῦθ' ὅτι δεῖ γίνεσθαι *φ*: καὶ τοῦτό τι Os. ad loc. **7** χορείας Os.: χρόας Z*σφ*: χρείας cett. | δέ φασι *b* | μὲν V²*δ*: om. *a* **9–10** δεχόμενον … ἀμοιβῆς om. G ‖ **10** καθ' αὑτὸν Lang: κατ' αὐτὸν codd. **10–11** ἐν καιρῷ] που τὸν καιρὸν *φ* ‖ **11** ἱλαρῶς … δέοντος] ἱλαρῶν δ' εὐεργετῶν οὐσῶν *δ* ‖ **11–18** ἱλαρῶς … ἔργα del. Schm. ‖ **11** δεόντως *a* **13** πᾶσαι om. *δ* | εὔμορφαι *π*: εὔμορφα mZ | δὲ om. *a* ‖ **14** καὶ¹ om. *φ* (διὰ τὸ C) | εὐήδειαν P Schm.: εὐειδίαν *κ* ‖ **16** ἔνιοι C | καὶ om. C | ἔφησαν *τ*C | τὴν μητέρα *δ* | τινὲς C ‖ **17** Αἴγλην Gale (cf. Apd. 2,5,11): Ἀγλαίην vel ἀγλαίην codd. | τῷ om. *δ* ‖ **18** ἐπίχαρτα Lx: ἐπὶ χάριτι m*b* ‖ **20** εὐλόγως *φ* | δεῖ χαρίζεσθαι *δ* ‖ **21** χαριστηθεὶς x | τὸν εὐεργέτην *κ* ‖ **22** ὁ¹ om. mZ*φ* | ὢν om. *δ*

οἱ θεοί, μόνον τὸν ἄνθρωπον τῶν ἐπὶ γῆς ζῴων λογικὸν ποιήσαν-
τες, ὃ παρὰ τἆλλα ἐξοχώτατον εἶχον αὐτοί. ὠνόμασται δὲ ἀπὸ τοῦ
ἐρεῖν μήσασθαι, ὅπερ ἐστὶ λέγειν, ἢ ἀπὸ τοῦ ἔρυμα ἡμῖν εἶναι καὶ
οἷον ὀχύρωμα. ἀλλ' | ἐνθένδε πρῶτον μὲν διάκτορος κέκληται ἤτοι 21
ἀπὸ τοῦ διάτορος εἶναι καὶ τρανὸς ἢ ἀπὸ τοῦ διάγειν τὰ νοήματα
ἡμῶν εἰς τὰς τῶν πλησίον ψυχάς· καθὸ καὶ τὰς γλώττας αὐτῷ
καθιεροῦσιν. εἶτα ἐριούνιος ἐπονομάζεται ἀπὸ τοῦ μεγαλωφελής
τις εἶναι καὶ καθ' ὑπερβολὴν ὀνεῖν τοὺς χρωμένους αὐτῷ καὶ
σῶκος ὡσὰν σωτὴρ τῶν οἴκων ὑπάρχων ἤ, ὥς τινες, ἰσχυρός. καὶ
τὸ ἀκάκητα δὲ αὐτὸν λέγεσθαι τοιούτου τινὸς σημεῖόν ἐστιν· οὐ
γὰρ πρὸς τὸ κακοῦν καὶ βλάπτειν, ἀλλὰ πρὸς τὸ σώζειν μᾶλλον
γέγονεν ὁ λόγος, ὅθεν καὶ τὴν Ὑγίειαν αὐτῷ συνῴκισαν. Ἀργει-
φόντης δέ ἐστιν οἷον ἀργεφάντης ἀπὸ τοῦ λευκῶς πάντα φαίνειν
καὶ σαφηνίζειν – τὸ γὰρ λευκὸν ἀργὸν ἐκάλουν οἱ παλαιοί – ἢ ἀπὸ
τῆς κατὰ τὴν φωνὴν ταχυτῆτος – καὶ γὰρ τὸ ταχὺ ἀργὸν λέγεται
– · χρυσόρραπις δέ, ὅτι πολύτιμός ἐστι καὶ ὁ ἐξ αὐτοῦ ῥαπισμός,
πολλοῦ γὰρ ἄξιαί εἰσιν εὔκαιροι νουθεσίαι καὶ ἐπιστροφὴ τῶν
προσεχόντων αὐταῖς. παραδέδοται δὲ καὶ κῆρυξ θεῶν καὶ
διαγγέλλειν αὐτὸν ἔφασαν τὰ παρ' ἐκείνων τοῖς ἀνθρώποις, κῆρυξ
μέν, ἐπειδὴ διὰ φωνῆς γεγωνοῦ παριστᾷ | τὰ κατὰ τὸν λόγον 22
σημαινόμενα ταῖς ἀκοαῖς, ἄγγελος δέ, ἐπεὶ τὸ βούλημα τῶν θεῶν
γινώσκομεν ἐκ τῶν ἐνδεδομένων ἡμῖν κατὰ τὸν λόγον ἐννοιῶν.

3–4 ἀπὸ … ὀχύρωμα] *EM* 376,30 Gais. (διὰ τὸ ἔρυμα ἡμῶν εἶναι, καὶ ὀχύρωμα τοῦ βίου)

1 τῶν ἐπὶ γῆς ζῴων] ἀπὸ τῶν ἐ. γ. ὄντων ζῷον *δ* ‖ **2** ἐξοχώτατα m ‖ **3** ἐρεῖν καὶ *φ* | ὅπερ] ὅ C | ἡμῶν *a EM* 376,30 Gais. ‖ **4** ἀλλ' ἐνθένδε Lang: ἀλλ' ἔνθεν γε *a*: ἐνθένδε *δ*: ἔνθεν δὲ Vill. ‖ **5** διάγειν] διαλέγειν *κ* ‖ **6** πλησίων mR | καθὰ *a* ‖ **7** ἐπωνόμασται L: ὀνομάζεται *δ* ‖ **8** ὀνεῖν (cf. Orio 63,35; Eust. 4,362,40-41 Valk) *δ* (ὀ. καὶ ὀφελεῖν o: ὠνεῖν mQ): ἴσχειν *a* (ὀνεῖν M[2]): ἰσχύειν Schm.: ὀνινάναι Str. ‖ **9** ὡς ἂν V: ὡσανεὶ *δ* | ἢ … ἰσχυρός del. Lang ‖ **10** ἀκάκητον m*b*: ἀκώκητον *φ* | δὲ αὐτὸν om. *κ* ‖ **12** ὑγείαν G*φ* | συνῴκησαν *λ*: συνώκησαν mZ*ρ*: συνώκησεν x ‖ **13** οἱονεὶ *δ* | λευκῶς] ἀργῶς *κ* ‖ **14** ἀργὸν Os. Lang: ἀργενὸν codd. (ἀργεννὸν x) ‖ **15** κατὰ τὴν φωνὴν] καταφωτῶ mZ: κατὰ τοῦ φοιτῶ *φ*: καταφ- *ρ* (καταφταχυτῆτος): κατ' ἀντίφρασιν *σ* | λέγεται κατ' ἀντίφρασιν o*φ*: λέγουσι m ‖ **17** ἀξία ἐστὶν εὔκαιρος (ἡ antea *φ*) νουθεσία *δ* ‖ **18** αὐταῖς Os. (ante προσεχόντων): αὐτοῖς *a*: αὐτῇ *δ* (αὐτῇ προσ. *φ*) | καὶ[1] om. *a* ‖ **19** αὐτὸν om. x ‖ **20** ἐπεὶ x*δ* | γεγονυίας *φ* | τὸν om. C ‖ **21** ἐπεὶ δὲ L ‖ **22** τὸν λόγον] τῶν λόγων Lx | ἐννοιῶν] ἐνεργειῶν *δ*: ἐναργειῶν Vill.

πέδιλα δὲ φέρει πτερωτὰ καὶ δι' ἀέρος φέρεται συμφώνως τῷ καθὼς εἴρηται τὰ ἔπη πτερόεντα· καὶ γὰρ τὴν Ἶριν ποδήνεμον διὰ τόδε καὶ ἀελλόποδα καλοῦσιν ἄγγελον, καὶ ἀπὸ τοῦ ὀνόματος παρεισάγοντες, ψυχοπομπὸν δὲ τὸν Ἑρμῆν ἐμύθευσαν εἶναι συμβάλλοντες, ὅπερ ἴδιον αὐτοῦ ἐστι, τὸ ψυχαγωγεῖν· διὰ τοῦτο γοῦν καὶ ῥάβδον αὐτῷ ἐγχειρίζουσι,

τῇ τ' ἀνδρῶν ὄμματα θέλγει

(τὰ τῆς διανοίας δηλονότι)

ὧν ἐθέλῃ, τοὺς δ' αὖτε καὶ ὑπνώοντας ἐγείρει·

καὶ παρορμᾶν γὰρ ῥᾳδίως τοὺς παρειμένους καὶ καταστέλλειν τοὺς παρωρμημένους δυνατός ἐστιν. ἐντεῦθεν ἤδη καὶ τοὺς ὀνείρους ἐπιπέμπειν ἔδοξε καὶ μάντις εἶναι [διὰ τοῦ τρόπου], τρέπων ὡς βούλεται τὰς φαντασίας·

θεῶν δ' ἄγγελοι καὶ οἱ ὄνειροι.

οἱ δ' ἀποπληροῦντες περὶ τὴν εἰρημένην ῥάβδον τὸ τοῦ κηρυκείου σχῆμα δράκοντες σύμβολόν εἰσι τοῦ καὶ τοὺς θηριώδεις ὑπ' αὐτοῦ
23 κηλεῖσθαι καὶ καταθέλγεσθαι, | λύοντος τὰς ἐν αὐτοῖς διαφορὰς καὶ συνδέοντος αὐτοὺς ἅμματι δυσλύτῳ· διὰ τοῦτο γὰρ καὶ εἰρηνοποιὸν δοκεῖ τὸ κηρύκειον εἶναι. φέρουσι δ' ἄλλως οἱ μετιόντες τὴν εἰρήνην καὶ θαλλοὺς μετὰ χεῖρας πρὸς ὑπόμνησιν τοῦ γεωργεῖσθαι

2 ἔπη πτερόεντα] cf. ἔπεα πτερόεντα (Hom., *Il.* 1,201 etc.; *Od.* 1,122 etc.) **7** τῇ … θέλγει] Hom., *Il.* 24,343 = *Od.* 5,47, 24,3 ‖ **9** ὧν … ἐγείρει] Hom., *Il.* 24,344 = *Od.* 5,48, 24,4 ‖ **14** θεῶν … ὄνειροι] cf. Hom., *Il.* 2,26 (Διὸς δέ τοι ἄγγελός εἰμι [sc., ὁ ὄνειρος])

2 καθὼς] Ὁμήρῳ· καθὼς *π*: Ὁμήρῳ· καθάπερ *φ* ‖ **2–3** διὰ τοῦδε *λ*mZQ: διὰ τοῦτο δὲ x: διὰ τοῦτο C ‖ **3** καὶ^2 om. *δ* ‖ **4** ἐμυθεύσαντο *πφ* ‖ **5** συμβαλόντες Os. | ὅπερ] ὅτι *ao* | ἐστιν αὐτοῦ m*φ* ‖ **6** γοῦν om. *δ* | αὐτῷ ἐγχειρίζουσι om. *a* **9** ὧν ἐθέλῃ (-ει Hom., *Il.* 24,344) *λ*: ἐθελ x: om. *δ* | τοὺς δ' αὐτοὺς m: τῇ δ' αὖτε *σ* | ἐγείρειν *δ* (ἐγείρει C) ‖ **10** γὰρ om. *π* ‖ **11** παρορμημένους xmR: παρωρμηκότας *μ* | δυνατόν m*b* | δ' ἤδη x: εἴδη m | καὶ om. C Os. ‖ **12** διὰ τοῦ τοιούτου τρόπου M^2*δ*: del. Lang ‖ **14** δ'] τ' *κ* | καὶ om. *κ* ‖ **15** περὶ om. *ρτ* **16** εἰσι] ἐστι *δ* (εἰσι *τ*) ‖ **17** κηλεῖσθαι V^{2}L: καλεῖσθαι V^1*δ* (συνδεῖσθαι *τ*): κεκλεῖσθαι x | καὶ καταθέλγεσθαι om. *δ* ‖ **17–18** λύοντας … συνδέοντας *κ* **18** αὐτὰς *δ* | ἅμματι Z*ρ*: ὄμματι *φ* ‖ **19–19,2** φέρουσι … φυτῶν del. Lang **19** τὴν om. V ‖ **20** ἀνὰ χεῖρας *δ*: διὰ χεῖρας P: διὰ χειρὸς Schmidt θέλειν τὴν χώραν καὶ φειδώ τινα εἶναι τῶν ἡμέρων καὶ καρποφόρων φυτῶν. ἐκ δὲ Μαίας ἔφασαν γεγεννῆσθαι Διῒ τὸν Ἑρμῆν ὑποδηλοῦντες πάλιν διὰ τούτου θεωρίας καὶ ζητήσεως γέννημα εἶναι τὸν λόγον· καὶ γὰρ αἱ μαιούμεναι τὰς γυναῖκας ἐντεῦθεν εἴρηνται μαῖαι τῷ ὡσὰν ἐξ ἐρεύνης προάγειν εἰς φῶς τὰ βρέφη. πλάττεται δὲ ἄχειρ καὶ ἄπους καὶ τετράγωνος τῷ σχήματι ὁ Ἑρμῆς, τετράγωνος μὲν τῷ τὸ ἑδραῖόν τε καὶ ἀσφαλὲς ἔχειν ὥστε καὶ τὰς πτώσεις αὐτοῦ βάσεις εἶναι, ἄχειρ δὲ καὶ ἄπους, ἐπεὶ οὔτε χειρῶν οὔτε ποδῶν δεῖται πρὸς τὸ ἀνύειν τὸ προκείμενον αὐτῷ. οἱ δ' ἀρχαῖοι τοὺς μὲν πρεσβυτέρους καὶ γενειῶντας Ἑρμᾶς ὀρθὰ ἐποίουν τὰ αἰδοῖα ἔχοντας, τοὺς δὲ νεωτέρους καὶ λείους παρειμένα, παριστάντες ὅτι ἐν τοῖς προβεβηκόσι ταῖς ἡλικίαις γόνιμος ὁ λόγος καὶ τέλειός ἐστιν, ὃς δὴ καὶ τυχὸν τῷ ὄντι ἐστὶ τυγχάνων ὧν ἂν πρόθηται, ἐν δὲ τοῖς ἀώροις ἄγονος καὶ ἀτελής. ἵδρυται δὲ ἐν ταῖς ὁδοῖς καὶ ἐνόδιος λέ|γεται καὶ ἡγεμόνιος ὡς αὐτῷ δέοντος 24 πρὸς πᾶσαν πρᾶξιν ἡγεμόνι χρῆσθαι καὶ αὐτοῦ ὄντος τοῦ ἐν ταῖς βουλαῖς εἰς τὴν δέουσαν ἡμᾶς ὁδὸν ἀνάγοντος, τάχα δὲ καὶ ἐπεὶ ἐρημίας πρὸς τὴν ἐπισκευὴν αὐτοῦ καὶ τὴν θεραπείαν δεῖ. διὰ δὲ τὸ κοινὸν αὐτὸν εἶναι καὶ τὸν αὐτὸν ἔν τε τοῖς ἀνθρώποις πᾶσι καὶ ἐν τοῖς θεοῖς, ὁπόταν τις εὕρῃ τι προάγων ἐν ὁδῷ, συνήθως ἐπι-

15–16 ὡς … χρῆσθαι] Sch. Pl., *ad Lg.* 914b6 Gr.

2 γεγενῆσθαι x (ex γεγενν-) *ρ*R: γεγενεῖσθαι Q ‖ **3** ἀποδηλοῦντες *δ* **3–4** εἶναι γέννημα *δ* ‖ **4** αἱ μαῖαι μαιούμεναι C ‖ **5** ὡσανεὶ *δ* | ἐξ εὐρύνης mZ: ἐξ εὐφρόνης *π*: ἐξερευνήσει *φ* ‖ **6** δ' ἄχειρ xmZ: δὲ καὶ ἄχειρ C ‖ **7** τὸ ἑδραῖόν τε καὶ (καὶ τὸ mZ) codd.: ἑδραῖόν τι καὶ Lang | ἔχειν τὸ τετράγωνον Schm. **8** καὶ τὰς] πάσας Schm. | πτώσεις] πλευρὰς Ansc. | βάσιν *φ* Os. **10** γεννῶντας τὸν Ἑρμῆν *φ* ‖ **11** λείους] ἀγενείους *δ*: λείους καὶ ἀγενείους Os. **11–12** παρειμένους *λφ* (ἀνειμένους *κ*) ‖ **13–14** ὃς … πρόθηται om. m: del. Lang ‖ **13** τυχὼν x (ex τυχὸν) *bφ* (τυχὸν *κ*): Τύχων Kern: del. Schm. ‖ **14** δὲ[2]] δὲ καὶ Q*κ*: καὶ C ‖ **15** καὶ[1] om. Q: δὲ καὶ C | εὐόδιος *φ* | δεόντως x: δέον *b* Sch. Pl., *ad Lg.* 914b6: δὲ mQ: om. C ‖ **16** πρὸς *a* Sch. Pl. cit.: εἰς *δ* | πᾶσαν πρᾶξιν] τὰς πράξεις Sch. Pl. cit. ‖ **17** ὁδὸν ἡμᾶς m*b*: ἡμᾶς *φ* ‖ **17–18** ἐπεὶ ἐρημίας Lang (ἐπειδὴ ἐ. Os. ad loc.): ἐπ' ἐρημίας *a*: ἐπ' ἐρημίαις *δ* ‖ **18** πρὸς τὴν ἐπισκευὴν] ἐπειδὴ κἀκεῖ τῆς παρασκευῆς C | αὐτοῦ] αὐτῷ Z*ρ* | τὴν θεραπείαν] θεραπείαν G: τῆς θεραπείας C ‖ **19** καὶ τὸν αὐτὸν om. *φ* ‖ **20** ἐν[1]] om. m*b*: πᾶσι C | ὁπόταν] καὶ ὁπόταν V: καὶ ὁπότε m*b*Q ‖ **20–20,1** συνήθως ἐπιφθέγγεται (φθέγγεται *λ*) τὸ *a*: σ. ἐπιφθέγγεσθαι *b*Q: σύνηθες ἐπιφθέγγεσθαι mC: συνήθως ἐπιφθέγγονται τὸ Lang

φθέγγεται τὸ κοινὸν εἶναι τὸν Ἑρμῆν, ὃς δὴ συνίστωρ ἐστὶ τῆς εὑρέσεως ἐνόδιος ὤν, ἐμφαίνοντες ὅτι κοινὸν ἀξιοῦσιν εἶναι καὶ τὸ εὑρημένον, ἐντεῦθεν καὶ τῶν εὑρημάτων ἑρμαίων λεγομένων. προσσωρεύουσι δὲ τοὺς λίθους τοῖς Ἑρμαῖς ἑκάστου τῶν παριόντων ἕνα τινὰ αὐτοῖς προστιθέντος ἤτοι ὡς χρήσιμόν τι τὸ παρ' αὐτὸν ἑκάστου καὶ κοινωνικὸν ποιοῦντος διὰ τοῦ καθαίρειν τὴν ὁδὸν εἴτε μαρτυροποιουμένου τὸν Ἑρμῆν εἴτε ὡς ἐπισημαινομένου τὴν εἰς αὐτὸν τιμήν, εἰ μηδὲν ἄλλο ἔχει προσενεγκεῖν αὐτῷ, εἴτε ἐκδηλότερον τοῖς παριοῦσι τὸ ἀφίδρυμα ποιοῦντος εἴτε
25 πρὸς | σύμβολον τοῦ ἐκ μικρῶν μερῶν συνεστάναι τὸν προφορικὸν λόγον. λέγεται δὲ καὶ ἀγοραῖος [πρῶτος] εἰκότως· ἐπίσκοπος γὰρ τῶν ἀγορευόντων ἐστίν· ἤδη δὲ ἀπὸ τῆς ἀγορᾶς διατείνει καὶ εἰς τοὺς ἀγοράζοντάς τι ἢ πιπράσκοντας, ὡς πάντα μετὰ λόγου ποιεῖν δέοντος· ἐντεῦθεν καὶ τῶν ἐμποριῶν ἐπιστάτης ἔδοξεν εἶναι καὶ ἐμπολαῖος καὶ κερδῷος ἐπωνομάσθη, ὡσὰν μόνος τῶν ἀληθινῶν κερδῶν αἴτιος ὢν τοῖς ἀνθρώποις. τῆς δὲ λύρας εὑρετής ἐστιν οἷον τῆς συμφωνίας καὶ ὁμολογίας καθ' ἣν οἱ ζῶντες εὐδαιμονοῦσιν, ἡρμοσμένην ἔχειν τὴν διάθεσιν ἐπιβάλλοντος. παραστῆσαι δὲ αὐτοῦ τὴν δύναμιν καὶ διὰ τῶν ἀπεμφαινόντων θέλοντες κλέπτην αὐτὸν παρέδωκαν καὶ Δολίου Ἑρμοῦ βωμὸν ἔνιοι ἐνιδρύσαντο· λανθάνει γὰρ ὑφαιρούμενος τὰ προδεδογμένα τοῖς ἀνθρώποις καὶ κλέπτων ἔσθ' ὅτε τῇ πιθανότητι τὴν ἀλήθειαν, ὅθεν τινὰς καὶ ἐπικλόποις λόγοις χρῆσθαι λέγουσι· καὶ γὰρ τὸ σοφίζεσθαι

1 τῷ Ἑρμῇ C ‖ **1–2** ὃς ... ὤν del. Lang ‖ **2–3** τὸν εὑρημένον m: τῶν εὑρημένων *φ* ‖ **4** προσωρεύουσι x*bφ* | τοῖς om. x ‖ **4–9** ἕκαστος ... προστιθεὶς ... ἕκαστος ... ποιῶν ... μαρτυροποιούμενος ... ἐπισημαινόμενος ... ποιῶν C Vill. Str. ‖ **5** προστιθέντες Q ‖ **5–6** τι ... κοινωνικὸν] τι καὶ κοινωνικὸν τὸ παρ' αὐτὸν ἑκάστου *δ* ‖ **6** αὑτὸν Lang: αὐτὸν *λ*m*b*Q: αὐτῶν x: αὑτοῦ C Vill.: αὐτοῦ *κ* ‖ **7–9** εἴτε ... εἴτε ... εἴτε] ἢ ... ἢ ... ἢ *a* ‖ **7** ὡς] καὶ m ‖ **8** ἔχειν *φ*: ἔχοι Vill. **9** παροῦσι V[1]LxG | ἀμφίδρυμα x ‖ **10** τοῦ] τὸ x | συνιστάναι x: συνίστασθαι *λ* **11** δὲ om. *δ* | πρῶτος del. Os. ad loc.: πρόεδρος Valck. ‖ **12** ἀγορευόντων] ἀγοραζόντων G ‖ **12–13** -ευόντων ... ἀγορ- om. *κ* ‖ **12** διατείνει] διατρέχει G **13** ἀγοραζόντων ... πιπρασκόντων *κ* | μετὰ λόγου πάντα *δ* ‖ **14** δεόντως *bφ* **15** ὠνομάσθη x | ὡς ἂν *a* ‖ **15–16** ὡσὰν ... ἀνθρώποις om. *δ* ‖ **17** ὁμολογίας] ὁμονοίας *κ* ‖ **18** ἐπιβάλλοντες G: ἐπιβάλλων C ‖ **19** δ' αὐτοῦ *b*: θ' αὐτοῦ m: δ' αὐτῷ *φ* | ἐμφαινόντων x ‖ **20** Δολίου] δόλου Z*ρ*: δόλον m: δοῦλον Q | βωμὸν Ἑρμοῦ Vm: Ἑρμοῦ *κ* | ἔνιοι om. *δ* ‖ **20–21** ἐνιδρύσαντο V[2]L: ἱδρύσαντο cett. **21** λόγος ὑφαιρούμενος Gale | τὰ προδογμένα x: τὰ προδιδόμενα m*b*: τὸν προδιδόμενον *φ* ‖ **22** κλέπτει *σ* | ἔσθ' ὅτι *ρ* ‖ **23–21,1** λέγουσι ... χρῆσθαι om. G

τῶν εἰδότων λόγῳ χρῆσθαι ἴδιόν ἐστι. νόμιος δὲ λέγεται τῷ ἐπ'
ἐπανορθώσει νόμων εἶναι, προστακτικὸς ὢν τῶν ὡς ἐν κοινωνίᾳ
ποιητέων καὶ ἀπαγορευτικὸς τῶν οὐ ποιητέων· διὰ γοῦν τὴν
ὁμωνυμίαν μετήχθη καὶ ἐπὶ τὴν τῶν νομῶν ἐπιμέλειαν. σέβονται
δ' αὐ|τὸν καὶ ἐν ταῖς παλαίστραις μετὰ τοῦ Ἡρακλέους ὡς τῇ 26
ἰσχύϊ μετὰ λογισμοῦ χρῆσθαι δέοντος· τῷ γὰρ μόνῃ πεποιθότι τῇ
τοῦ σώματος δυνάμει, τοῦ δὲ λόγου, ὃς καὶ τέχνας ἐπήγαγεν εἰς
τὸν βίον, ἀμελοῦντι πάνυ ἄν τις οἰκείως ἐπείποι·

δαιμόνιε, φθίσει σε τὸ σὸν μένος.

[17] Τοῦ δὲ πολλὰς καὶ ποικίλας περὶ θεῶν γεγονέναι παρὰ τοῖς παλαιοῖς Ἕλλησι μυθοποιΐας, ὡς ἄλλαι μὲν παρὰ Μάγοις γεγόνασιν, ἄλλαι δὲ παρὰ Φρυξὶ καὶ ἤδη παρ' Αἰγυπτίοις τε καὶ Κελτοῖς καὶ Λίβυσι καὶ τοῖς ἄλλοις ἔθνεσι, μαρτύριον ἂν λάβοι τις καὶ τὸ παρ' Ὁμήρῳ λεγόμενον ὑπὸ τοῦ Διὸς πρὸς τὴν Ἥραν τοῦτον τὸν τρόπον·

ἦ οὐ μέμνῃ ὅτε τ' ἐκρέμω ὑψόθεν, ἐκ δὲ ποδοῖιν
ἄκμονας ἧκα δύο.

ἔοικε γὰρ ὁ ποιητὴς μύθου [τε] παλαιοῦ παραφέρειν τοῦτο ἀπόσπασμα, καθ' ὃν ὁ Ζεὺς ἐμυθεύετο κεκρεμακέναι τε ἐκ τοῦ αἰθέρος τὴν Ἥραν χρυσαῖς ἁλύσεσι τῷ χρυσοφανές τι ἔχειν τὰ

9 δαιμόνιε … μένος] Hom., *Il.* 6,407 ‖ **16–17** ἦ … δύο] Hom., *Il.* 15,18–9

1 τῷ] τὸ Lx: τοῦ G ‖ **1–2** ἐπ' ἐπανορθώσει Lang (cf. Os. ad loc.): ἐπ' ἀνορθώσει ZG: ἐπανορθώσει cett. ‖ **2** νόμων G Schmidt: νόμος cett.: λόγος Schm. | τῶν] inc. denuo B ‖ **3** ποιητέον … ποιητέον L | καὶ … ποιητέων² om. *κ* | οὐ] μὴ C: om. Q | γοῦν om. *a* ‖ **3–4** τὴν ὁμωνυμίαν] ὁμόνοιαν *κ* ‖ **4** νομῶν Schm.: νόμων *a*: λόγων *δ* ‖ **5** τῇ παλαίστρᾳ V¹ | ὡς καὶ τῇ *σ*: καὶ τῇ Z*ρ*Q: καὶ τὸ m: τῇ C: ἐν τῇ *κ* ‖ **6** τῷ] τῶν *φ* | πεποιθότι μόνῃ m*b*: πεποιθότων μόνῃ *φ* **7–8** λόγου … ἀμελοῦντι] ἀμελοῦντι post λόγου L ‖ **7** ὃς] ὡς m | τὰς τέχνας Os. ‖ **7–8** εἰς τὸν βίον ἤγαγεν *δ* ‖ **9** ὦ ante δαιμόνιε eras. V | τὸν σὸν Z: τὸ τεὸν *π* ‖ **11** ὡς ἄλλα x: καὶ ὡς ἄλλαι *σ* ‖ **12** παρὰ … ἤδη om. *δ* | τε om. C **13** ἔθνεσι] Ἕλλησι *δ* | ἂν λάβοι] ἀναλάβοι *φ* ‖ **14** τοῦ om. C ‖ **16** μέμνῃς (μέμνησ' *ρ*) ὅτ' (ὅτε *π*) ἐκρέμω (ὅτε κρέμω mZ: ὅτ' ἐκρέμου C) *δ* | ὅτε] ὅτι x δὲ ποδοῖιν] ποδοῖν x: δὲ ποδοίοιν m: δὲ ποδοῖν GC ‖ **17** ἄκμονος Q | δύω Hom., *Il.* 15,19 ‖ **18** τε del. Lang: om. C | τοῦτο παραφέρειν B | τοῦτο τὸ Os. ad loc. ‖ **19** ἀπόσπασμα om. C | ὁ om. *a* | ἐμυθεύσατο *a* (ἐμυθήσατο V¹) **19–20** τε … αἰθέρος om. *δ* ‖ **20** τῷ] ᾧ m

ἄστρα καὶ ἐκ τῶν ποδῶν αὐτῆς δύο ἄκμονας ἐξηρτηκέναι, τὴν γῆν
27 δηλονότι καὶ | τὴν θάλατταν, ὑφ' ὧν τείνεται κάτω ὁ ἀὴρ
μηδετέρωθεν ἀποσπασθῆναι δυνάμενος. ἑτέρου δὲ μύθου μέμνηται τοῦ κατὰ τὴν Θέτιν, ὡς ὑπ' αὐτῆς σεσωσμένου τοῦ Διός,

ὁππότέ μιν ξυνδῆσαι Ὀλύμπιοι ἤθελον ἄλλοι,
Ἥρη τ' ἠδὲ Ποσειδάων καὶ Παλλὰς Ἀθήνη.

φαίνεται δ' ὅτι κατ' ἰδίαν ἕκαστος τούτων τῶν θεῶν ἐπεβούλευε τῷ Διῒ συνεχῶς μέλλων ἐμποδίζειν ταύτην τὴν διακόσμησιν ὅπερ ἐγένετο, εἰ τὸ ὑγρὸν ἐπεκράτησε καὶ ἐξυδατώθη πάντα ἢ τὸ πῦρ καὶ ἐξεπυρώθη ἢ ὁ ἀήρ. ἡ δὲ κατὰ τρόπον διαθεῖσα πάντα Θέτις τὸν ἑκατόγχειρα Βριάρεων ἀντέταξε τοῖς εἰρημένοις θεοῖς, καθ' ὃν ἴσως διανέμονται πανταχόσε αἱ ἐκ τῆς γῆς ἀναθυμιάσεις, ὡς διὰ πολλῶν χειρῶν τῆς εἰς πάντας τοὺς ἀριθμοὺς διαιρέσεως γινομένης· σκέψαι δ' εἰ παρὰ τὸ αἴρειν τὴν ὡσὰν βορὰν τῶν τοῦ κόσμου μερῶν ὠνόμασται Βριάρεως. [Αἰγαίων μὲν γάρ ἐστιν ὁ ἀεὶ τεθηλὼς καὶ γαίων].

Δεῖ δὲ μὴ συγχεῖν τοὺς μύθους μηδ' ἐξ ἑτέρου τὰ ὀνόματα ἐφ' ἕτερον μεταφέρειν μηδ' εἴ τι προσεπλάσθη ταῖς παραδεδομέναις
28 κατ' αὐτοὺς γενεαλογίαις | ὑπὸ τῶν μὴ συνιέντων ἃ αἰνίττονται,
κεχρημένων δ' αὐτοῖς ὡς καὶ τοῖς πλάσμασιν, ἀλόγως πείθεσθαι.

5–6 ὁππότέ … Ἀθήνη] Hom., *Il.* 1,399–400

1 αὐτῆς] αὐτοῦ *δ* (αὐτῆς G*κ*) ‖ **2** θάλασσαν m*φ* ‖ **3** μηδετέρωθεν *κ*: μηδ' ἑτέρωθεν cett. (μὴ δ' ἑτέρωθεν G) | ἀποσπᾶσθαι m ‖ **4** τὴν om. B ‖ **5** ὅποτέ xm*π*Q | μιν] μὴν x: om. m ‖ **6** Ἥρα τ' x: ἤρετ' m ‖ **7** τούτων ἕκαστος *δ* **8** μέλλοντες *σ* (μὲν ὄντες R: μᾶλλον G) ‖ **9** εἰ] εἰ μὴ V[1]L ‖ **10** ἢ add. Vill. Θέτις ἤτοι πρόνοια (πρόνοια καὶ m: ἡ πρόνοια G) *δ* ‖ **11** Βριάρεων ἤτοι τὴν θείαν δύναμιν *δ* | εἰρημένοις om. *δ* | ὃν] ἣν *δ* ‖ **12** τῆς om. G ‖ **13** τοὺς] τῆς *ρ* ἀριθμοὺς] ῥυθμοὺς P: ἀτμοὺς Luc. ‖ **14** τὴν] τε Z*ρτφ* (om. *κ*) | ὡσὰν *σ* (ὡσανεὶ R: ὡς ἂν εἰς G): ωσαν x: ὡς ἂν *λ*: ὡσανεὶ cett. | τῶν om. *a* ‖ **15** Αἰγαίων *Ξ*: Αἰγέων *ω* (Αἰγαῖον x) ‖ **15–16** Αἰγαίων … γαίων del. Schm. ‖ **15** μὲν γάρ] δέ *δ* ‖ **17** μὴ om. x | συγχεῖν Os.: στυγεῖν codd. (spat. relic. om. W) **17–18** μηδ' … μηδ'] μὴ δὲ … μὴ δὲ Vxm: μὴ δ' … μὴ δ' *b* ‖ **17** ἐξ (om. *φ*) ἑτέρων *δ* ‖ **18** ἕτερον] ἑτέρους C | μεταφέρειν V[2]*δ*: μεταβαίνειν *λ*: μεταφαίνειν x | προσεπελάσθη *κ*: προσεπεπλάσθη Os. ‖ **18–19** παραδεδομέναις post αὐτοὺς *δ* ‖ **19–20** ὑπὸ … πλάσμασιν om. *δ* ‖ **19** συνιόντων L ‖ **20** καὶ del. Vill. | ἀλόγως *σ*: ἀναλόγως cett.: ἄνευ λόγου Gale | πείθεσθαι Kroll Luc.: τίθεσθαι codd.

πάλιν τοίνυν πρῶτον μὲν ἐμύθευσαν τὸ Χάος γενέσθαι, καθάπερ ὁ Ἡσίοδος ἱστορεῖ, μετὰ δὲ αὐτὸ τὴν Γῆν καὶ τὸν Τάρταρον καὶ τὸν Ἔρωτα, ἐκ δὲ τοῦ Χάους τὸ Ἔρεβος καὶ τὴν Νύκτα φῦναι, ἐκ δὲ τῆς Νυκτὸς τὸν Αἰθέρα καὶ τὴν Ἡμέραν. ἔστι δὲ Χάος μὲν τὸ πρὸ τῆς διακοσμήσεως γενόμενον ὑγρόν, ἀπὸ τῆς χύσεως οὕτως ὠνομασμένον, ἢ τὸ πῦρ, ὅ ἐστιν οἱονεὶ κάος· καὶ αὐτὸ δὲ κέχυται διὰ τὴν λεπτομέρειαν. ἦν δέ ποτε, ὦ παῖ, πῦρ τὸ πᾶν καὶ γενήσεται πάλιν ἐν περιόδῳ. σβεσθέντος δὲ εἰς ἀέρα αὐτοῦ μεταβολὴ ἀθρόα γίνεται εἰς ὕδωρ, ὃ δὴ λαμβάνει τοῦ μὲν ὑφισταμένου μέρους τῆς οὐσίας κατὰ πύκνωσιν, τοῦ δὲ λεπτυνομένου κατ' ἀραίωσιν. εἰκότως οὖν ἔφασαν μετὰ τὸ Χάος τήν τε Γῆν γενέσθαι καὶ τὰ ἠερόεντα Τάρταρα, ἃ δὴ μυχὸν Γῆς ὠνόμασεν ὁ προειρη-

1–2 καθάπερ … ἱστορεῖ] cf. Hes., *Th.* 116–25 ‖ **4–6** Χάος … ὠνομασμένον] cf. Zeno *Stoic.*, *SVF* 1,103 ‖ **12–24,1** τὰ … ποιητὴς] cf. Hes., *Th.* 119

1 post πάλιν interp. Schm. | τοίνυν] οὖν *κ*: πρῶτον τοίνυν Schm. | πρῶτον μὲν om. C | μὲν del. Os. Schm. | ἐμύθευσαν τὸ] ἐμυθεύσαντο *αφ*: ἐμύθευσε τὸ m | ὁ om. *δ* ‖ **2** μετ' αὐτὸ δὲ *δ* ‖ **4** τῆς om. *a* | post Ἡμέραν haec *δ*: εἰδέναι γοῦν δεῖ [δ. om. *φ*] ὅτι Ἡσίοδος καταρχὰς [κατ' ἀρχὰς mZ: κατὰ Q: μετὰ C] τὸ Χάος ἔφησε γενέσθαι [γ. τὴν Γῆν C] λέγων [cit. Hes., *Th.* 116–24]· ἤτοι μὲν πρώτιστα ὁ [ὁ om. *κ*] μεταξὺ τῆς γῆς καὶ τοῦ οὐρανοῦ [τ. οὐ. κ. τ. γῆς *bκ*] τόπος [ὁ τόπος *κ*] [ὁ ... τόπος non in Hes., *Th.*] Χάος γένετ' [γίνεται *φ*], αὐτὰρ ἔπειτα [ἔπειτα om. *π*] / γαῖά τ' [Γαῖ' Hes.] εὐρύστερνος, πάντων ἕδος ἀσφαλὲς αἰεὶ / ἀθανάτων οἳ ἔχουσι κάρη νιφόεντος Ὀλύμπου, / Τάρταρά τ' ἠερόεντα μυχῷ [μυχὸν C] χθονὸς εὐρυοδείης, / ἠδ' Ἔρος [Ἔρως mZB*φ* (ἔρος *κ*)], ὃς κάλλιστος ἐν ἀθανάτοισι θεοῖσι, / λυσιτελής [λυσιμελής *κ* Hes.: αὐτοτελής Os. ad loc.], πάντων τε θεῶν πάντων τ' ἀνθρώπων / δάμναται ἐν στήθεσσι νόον [νόου *π*] καὶ ἐπίφρονα βουλήν. / ἐκ Χάεος δ' Ἔρεβός τε μέλαινά τε [τε om. G] Νὺξ ἐγένοντο· [hunc versum post sequentem *κ*] / Νυκτὸς δ' αὖτ' Αἰθήρ τε καὶ Ἡμέρη [Ἡμέρα Q: Ἡμέρ' C: ἡμέραι *κ*] ἐξεγένοντο [hunc versum om. G]. ἡ γῆ μὲν κατὰ συνίζησιν γέγονεν, ὁ ἀὴρ δὲ [δὲ om. *δ* (add. C)] κατὰ ἀνάδοσιν· τὸ δὲ λεπτομερὲς τοῦ ἀέρος γέγονε πῦρ, ἡ δὲ θάλαττα [θάλασσα m*φ*] κατὰ ἐκμύζησιν, τὰ δὲ ὄρη κατὰ ἐξοστρακισμὸν τῆς γῆς. Νυκτὸς δ' αὖτ' Αἰθήρ [Αἰθήρ τε *κ*] ὅτι ὁρῶμεν τὸν αἰθέρα τοῖς ἀστράσιν ἐν τῇ νυκτί· καὶ πάλιν [Ἡμέρη ὅτι add. Schm.] εἰ μὴ ὑποχωρήσει ἡ νύξ, ἡμέρα οὐ γίνεται. ‖ **6** οἱονεὶ om. *φ* (ἐστι ante κάος) ‖ **6–7** καὶ … λεπτομέρειαν del. Lang ‖ **6** δὲ] δὴ Q: δὲ ex δὴ B: γὰρ C: om. *κ* ‖ **8** σβεσθέντος V[2]*δ*: συνεσθέντος x: συνεαθέντος *λ* | δὲ … αὐτοῦ] δ' αὐτοῦ εἰς ἀέρα Schm. | εἰς ἀέρα del. Luc. ‖ **9** εἰς] καὶ Schm. | λαμβάνει εἰς γῆν καὶ ἀέρα μεταβολὰς Luc. **11** τε om. L*δ* ‖ **12–24,1** ἃ … κρύπτειν del. Lang ‖ **12** δὴ] δὲ Os. | μυχὸν] μὴ σχὼν x | Γῆν Q

μένος ποιητὴς τῷ περιειληφέναι αὐτὴν καὶ κρύπτειν. ὁ δὲ Ἔρως
29 σὺν αὐτοῖς ἐρρήθη γεγονέναι, ἡ ὁρμὴ ἡ ἐπὶ τὸ γεν|νᾶν· ἅμα γάρ τι
ἔκ τινος γίνεται καὶ παρεῖναι τῇ γενέσει νομιστέον ταύτην τὴν
δύναμιν καλλίστην καὶ ἀξιοθέατον οὖσαν. τὸ δὲ Ἔρεβος ἐκ τοῦ
Χάους ἐγένετο, ὁ ποιῶν ἐρέφεσθαι καὶ περιλαμβάνεσθαί τι ὑφ'
ἑτέρου λόγος, καθὸ καὶ τούτου τυχοῦσα ἡ Γῆ παραχρῆμα ὁμοιό-
σχημον αὐτῇ τὸν Οὐρανὸν ἐγέννησεν,

ἵνα μιν περὶ πάντα καλύπτοι,
ὄφρ' εἴη μακάρεσσι θεοῖς ἕδος ἀσφαλὲς αἰεί,

τοῖς ἐπ' αὐτῷ θέουσιν ἄστροις μακραίωσιν οὖσιν ἀσφαλὲς οἰκητήριον. ἐγέννησε δὲ ἡ Γῆ τὸν Οὐρανὸν ἀπὸ τῶν ἀναθυμιάσεων, οὐρανοῦ νῦν κοινότερον λεγομένου παντὸς τοῦ περὶ αὐτὴν λεπτομεροῦς. τοῦ Χάους δὲ θυγάτηρ ἐστὶ καὶ ἡ Νύξ· ὁ γὰρ πρῶτος ἀρθεὶς ἀπὸ τοῦ ἀρχεγόνου ὑγροῦ ἀὴρ ζοφώδης καὶ σκοτεινὸς ἦν, εἶτα λεπτυνόμενος εἰς αἰθέρα καὶ φῶς μετέβαλεν, εὐλόγως τούτων ἐκ τῆς νυκτὸς γεγονέναι ῥηθέντων. ἡ δὲ Γῆ τὰ ὄρη καὶ τὸ πέλαγος ἑξῆς λέγεται γεννῆσαι

ἄτερ φιλότητος ἐφιμέρου·

ἥ τε γὰρ θάλαττα ὑπέμεινεν ἐν τοῖς κοιλοῖς αὐτῆς μέρεσι κατὰ

8–9 ἵνα … αἰεί] Hes., *Th.* 127–8 ‖ **18** ἄτερ … ἐφιμέρου] Hes., *Th.* 132

1 περιειληφέναι Gale: προειληφέναι codd. | αὐτὸν *φ* | καὶ κρύπτειν] κεκρύπτειν C^1*κ* | ὁ δὲ Ἔρως] τὸ δὲ Ἔρεβος *κ* ‖ **2** γεγονέναι ἐρρήθη *φ* | ἡ^2 om. xG*κ* | ἅμα] οὔ μα G | τι *σ*: τοι x: τις cett.: εἴ τι Schm. ‖ **3** τῇ γενέσει om. *δ* νομιστέον δὲ V^{1}L | τὴν om. *a* ‖ **5** ὁ ποιῶν ἐρέφεσθαι] ὁπότ' (ὁπότερ' B) ἐρέφεσθαι (ἐρέφθαι *π*) *δ* | καὶ om. x ‖ **6–7** ὁμοιόσχημον' Vill. ‖ **7** αὐτή G: αὐτῇ Str. (Hes., *Th.* 126 coll.) | τὸν Οὐρανὸν] τ *σ* (om. F: τοῦτο B) spat. relic. ante ἐγέννησεν: om. *ρ* spat. relic.: τὴν mZ: τὴν γῆν *φ* ‖ **8** μιν] μὴν x: μὴ G: om. *κ* πάντα καλύπτοι] πᾶσαν ἐέργῃ (-ει x*ρ*: ἠέργῃ mZQ: γῆν C: τὴν γῆν *κ*) x*δ* **9** ὄφρ'] ἠδ' x*δ* (ἥδ' *b*: om. C) | ἀσφαλῶς m ‖ **9–10** αἰεί … ἀσφαλὲς om. G **10** οὖσα *σ*: om. C ‖ **11** τὸν om. G ‖ **12** λεγομένου κοινότερον *δ* ‖ **13** αὐτὸν mZ*ρφ* | λεπτομεροῦς ἀέρος Lasc. | δὲ om. m*b*Q | καὶ om. m | Νύξ] Γῆ *κ* **15** μετέβαλεν ante εἰς x | εἰς φῶς *σ* | μετέλαβεν *λ* ‖ **16** τοῦτον *φ* | νυκτὸς] γῆς *φ* | ῥηθέντων] ἐρρέθη C ‖ **17** ἑξῆς xZ: ἐξ ἧς *π* (ἐξῆς A^{m}G) *κ* | γενέσθαι *δ* **18** φιλοτάτου Z: φιλτάτου *π*: φιλωτάτου *φ* | ἐφημέρου m^{1}G*φ* ‖ **19** θάλασσα *δ* αὐτοῖς m: αὐτῶν *κ* | κατὰ om. C

μεταβολὴν ὑποστᾶσα, τά τε ὄρη περὶ τὸ ἀνώμαλον τῆς συνιζήσεως τὰς ἐξ|οχὰς ἔλαβε. μετὰ δὲ ταῦτα ἡ τῶν λεγομένων 30
Τιτάνων ἐστὶ γένεσις. οὗτοι δ' ἂν εἶεν διαφοραὶ τῶν ὄντων. ὡς γὰρ Ἐμπεδοκλῆς φυσικῶς ἐξαριθμεῖται

Φυσώ τε Φθιμένη τε καὶ Εὐναίη καὶ Ἔγερσις
Κινώ τ' Ἀστεμφής τε πολυστέφανός τε Μεγιστὼ

καὶ Ἀφορίην καὶ Σόφην τε καὶ Ὀμφαίην καὶ πολλὰς ἄλλας, τὴν εἰρημένην ποικιλίαν τῶν ὄντων αἰνιττόμενος, οὕτως ὑπὸ τῶν παλαιῶν Ἰαπετὸς μὲν ὠνομάσθη ὁ λόγος καθ' ὃν φωνητικὰ ζῷα ἐγένετο καὶ τὸ ὅλον ψόφος ἀπετελέσθη, ἰαφετός τις ὤν (ἰὰ γάρ ἐστιν ἡ φωνή)· Κοῖος δέ, καθ' ὃν ποιά τινα τὰ ὄντα ἐστί (τῷ γὰρ κ πολλαχοῦ οἱ Ἴωνες ἀντὶ τοῦ π ἐχρῶντο) ἢ ὁ τοῦ κοεῖν αἴτιος, τουτέστι νοεῖν ἢ φρονεῖν· Κρῖος δέ, καθ' ὃν τὰ μὲν ἄρχει καὶ δυναστεύει τῶν πραγμάτων, τὰ δὲ ὑποτέτακται καὶ δυναστεύεται, ἐντεῦθεν τάχα καὶ τοῦ ἐν τοῖς ποιμνίοις κριοῦ προσαγορευομένου· Ὑπερίων δέ, καθ' ὃν ὑπεράνω τινὰ ἑτέρων περιπορεύεται· Ὠκεανὸς δέ, καθ' ὃν ἀνύεται ἐν τάχει, ὃς δὴ καὶ ἀκαλαρρείτης

5–6 Φυσώ … Μεγιστὼ] Emp. D 22,1-2 L.–M. ‖ **7 καί**[1] … Ὀμφαίην] cf. Emp. D 22,3 L.–M. ‖ **11–12 Κοῖος … ἐχρῶντο**] cf. Chrysipp.*Stoic.*, *SVF* 2,1086
16 Ὑπερίων … περιπορεύεται] cf. Chrysipp.*Stoic.*, *SVF* 2, 1086

1 μεταβολὴν ὑποστᾶσα] ὑποστάσεως Scri | περὶ C (cf. Io.Diac. 457 Gais.): παρὰ cett. | τὸ om. C ‖ **3 Τιτάνων**] Γιγάντων m | Τιτάνων post γένεσις C γὰρ om. C ‖ **4 φυσικῶς** *a* (cf. Clem.Al., *Strom.* 5,14,103,6): om. *δ*: Φυσικοῖς Os. ‖ **5 Φυσώ τε καὶ Φθιμένην, Εὐναίην τε καὶ Ἔγερσιν C** | **Εὐνή m** | **τε καὶ Ἔγερσις** m*π* ‖ **6 Καινώ G** | τ' ἀστεμφής *a* (τ' ἀμφής x) m*φ* (τε ἀ. Q: τε καὶ ἀστεμφῆ C): τε ἀπεμφής *b* | πολυστέφανον C | τε[2]] καὶ C ‖ **7 καὶ**[1] om. C Ἀφορίην] Ἀφορίη Bergk (ad Emp. D 22,3 L.-M.): φορίην (ex quo Φορύην Lang) *a*C: φορίη *b*mQ | καὶ Σόφην] σόφην *a* (σόμφην V[1]: σοφήν x) C (καὶ σ.): σόφη m*b*Q: τε Σόφη Picot (ad Emp. D 22,3 L.-M.): Σοφίη Sturz: καὶ Σόμφη Os.: καὶ Σιωπήν Lang: Σωπή Bergk | τε καὶ ὀμφαίην *a*: τε καὶ ὀμφαίη *b* Bergk ('O.) Picot ('O.): τε καὶ ὀμφίλη m: τε καὶ ὀμφάλη (-ην C) *φ* | ἄλλαι πολλαὶ Os. **8 ὑπὸ**] ἀπὸ *δ* ‖ **9 καθ' ὃν**] καθὸ x | φονικὰ Q: φοινικὰ C | τὰ ζῷα Os. ‖ **10 τὸ ὅλον**] ἴολος *τ*: ὅλος ὁ Os. | ἐπετελέσθη m: ἀπετέχθη *b* | ἰὰ] οἷα x*μ* ‖ **11 ἐστιν** om. *δ* | **Κοῖος**] κοινωνὸς x | τῷ V*σ*C: τὸ cett. ‖ **12 κ**] κάππα xm*b* | χρῶνται C **13 τουτέστι** *a*m[2]: τοῦ τί *b* (τουτί Z): ἢ ὡς τοῦ τί *φ* | καθὸ *λ* ‖ **16 δέ** om. *φ* | καθὸ *λ* | τινὰ] τῶν Str. | ὑπερπορεύεται Vill. ‖ **17 καθὸ** V[2] Str.: om. *λ* ‖ **17–26,2 ὃς … δινεῖσθαι** del. Lang

κέκληται τῷ ἡσύχιόν τι καὶ σχολαῖον τὴν ῥύσιν αὐτοῦ ὡς τὴν τοῦ
31 ἡλίου | κίνησιν ἐμφαίνειν καὶ βαθυδίνης τῷ βαθέως δινεῖσθαι· Τηθὺς δέ, καθ' ἣν ἐπὶ μιᾶς καταστάσεως χρονίζει. Θεία δέ ἐστιν ἡ τῆς ὄψεως αἰτία, Ῥέα δὲ ἡ τῆς ῥύσεως, Φοίβη δὲ ἡ τοῦ καθαρά τινα καὶ λαμπρὰ εἶναι, συνεκδέχεσθαι τούτοις καὶ τὰς τῶν ἐναντίων σχέσεων αἰτίας δέοντος· Μνημοσύνη δὲ ἡ τοῦ συναναφέρειν τὰ γεγονότα· Θέμις δὲ ἡ τοῦ συντίθεσθαί τι μεταξὺ ἡμῶν καὶ φυλάττεσθαι· Κρόνος δέ ἐστιν ὁ προειρημένος πάντων τῶν ἀποτελεσμάτων λόγος, δεινότατος ὢν τῶν παίδων· ὁπλότατον δ' αὐτὸν γενέσθαι ἔφη διὰ τὸ καὶ μετὰ τὴν τῶν εἰρημένων γένεσιν ἐπιμένειν αὐτὸν ὡσὰν ἐν γενέσει ὄντα. ἀλλὰ τῆς μὲν Ἡσιόδου τελειοτέρα ποτ' ἂν ἐξήγησίς σοι γένοιτο, τὰ μέν τινα, ὡς οἶμαι, παρὰ τῶν ἀρχαιοτέρων αὐτοῦ παρειληφότος, τὰ δὲ μυθικώτερον ἀφ' αὐτοῦ προσθέντος, ᾧ τρόπῳ καὶ πλεῖστα τῆς παλαιᾶς θεολογίας διεφθάρη· νῦν δὲ τὰ βεβοημένα παρὰ τοῖς πλείστοις ἐπισκεπτέον.

[18] Παραδεδομένου τοίνυν ἄνωθεν ὅτι ὁ Προμηθεὺς ἔπλασεν
32 ἐκ τῆς γῆς τὸ τῶν ἀνθρώπων γένος, | ὑπονοητέον Προμηθέα εἰρῆσθαι τὴν προμήθειαν τῆς ἐν τοῖς ὅλοις ψυχῆς, ἣν ἐκάλεσαν οἱ νεώτεροι πρόνοιαν· κατὰ γὰρ ταύτην τά τε ἄλλα ἐγένετο καὶ ἐκ τῆς γῆς ἔφυσαν οἱ ἄνθρωποι, ἐπιτηδείως πρὸς τοῦτο ἐχούσης

1 τῷ] τὸ x | ἡσίοχόν τε κ. σχολαίαν m: ἡνίοχόν (ἤρεμόν N[2]) τε κ. σχολαίαν *b*: ἥσυχόν τε κ. σχολαίαν *φ* | αὐτοῦ Os.: αὐτῶν m: αὐτὴν *a*: αὐτὸν *bφ* ‖ **2** βαθέως] εὐθέως *δ* | δυνᾶσθαι x: δινᾶσθαι G: κινεῖσθαι *φ* ‖ **3** καθ' ἣν Vill.: καθ' ὃν (i. e. καθὸ Os. ad loc.) *a* ‖ **3–4** καθ' … δὲ² om. *δ* ‖ **3** χρονίζειν x ‖ **4** δὲ¹ ἐστιν *λ* ῥύσεως V²: ῥεύσεως *a* | ἡ τοῦ] ἥτις m: ἡ τοῖς Q: ἡ C: τῷ *b* (ἡ τῷ Z) ‖ **5** εἶναι τὰ πάντα ποιοῦσα C | καὶ συνεκδέχεσθαι *σ*C | καὶ² om. C ‖ **6** δὲ σχέσεων x δεόντως *abφ* ‖ **8** ἐστιν om. *φ* ‖ **10** ἔφη] φασὶ *φ*: om. m ‖ **11** ὡς ἂν m*b*: ὡς *a*: ὡσανεὶ *φ*: ἀεὶ Schm. | ἐν om. L ‖ **12** τῆς] τοῦ *φ* Gom. (ci.) | Ἡσιόδου γενεαλογίας Lang | τελειοτέρα ποτ' ἂν ἐξήγησίς *a*: τελειοτέρας π. ἂν ἡ ἐ. Z*ρ*: τελειοτέρα οὔποτ' ἂν ἡ ἐ. *σ* Gom.: τελειότερον τότ' ἂν ἡ ἐ. *φ*: τελειοτέρας ἐξηγήσεως ὁπότ' ἂν ἡ διήγησις m | σοι om. mC ‖ **13** ἀρχαίων L **14** μυθικώτερα Os. | ἀφ' αὐτοῦ Os.: ἀπ' αὐτοῦ *a*: ὑφ' αὐτοῦ *δ* (ὑφ' αὐτοῦ mA^m^Q: ὑπ' αὐτοῦ *κ*) | τὰ πλεῖστα Os. ‖ **14–15** τῆς παλαιᾶς om. *φ* **15** διαβεβοημένα *δ* ‖ **16** ἐπισκεπτέον] ἐπιτέον *a* ‖ **17** Παραδιδομένου xm **17–18** ἔπλασεν … γένος] ἔπλασεν post γένος *φ* ‖ **18** τῆς om. mG*φ* ‖ **19** τῆς … ψυχῆς] τῆς αὐτοῖς ὅλοις ψυχῆς κυρίαν Q: τὴν ἐν τῇ τῶν ὅλων ψυχῇ κυρίαν C **21–27,1** ἐχούσης καταρχὰς πρὸς τοῦτο *θ*: ἐ. πρ. τ. κ. *ρ*G

καταρχὰς τῆς τοῦ κόσμου συστάσεως. λέγεται δὲ καὶ συνεῖναί ποτε τῷ Διῒ ὁ Προμηθεύς· πολλῆς γὰρ προμηθείας πᾶσα μὲν ἀρχὴ καὶ προστασία πλειόνων, μάλιστα δὲ ἡ τοῦ Διὸς δεῖται. καὶ κλέψαι δέ φασιν αὐτὸν τὸ πῦρ τοῖς ἀνθρώποις, ὡς τῆς ἡμετέρας ἤδη συνέσεως καὶ προνοίας ἐπινοησάσης τὴν χρῆσιν τοῦ πυρός. κατενηνέχθαι δὲ αὐτὸ ἐμύθευσαν ἐκ τοῦ οὐρανοῦ διὰ τὸ πλεονάζειν ἐκεῖ ἢ ἐπεὶ οἱ κεραυνοὶ ἐκεῖθεν κατασκήπτουσι διὰ πληγῆς τἀνθάδε ἐξάπτοντες, τάχα τι τοιοῦτον καὶ διὰ τοῦ νάρθηκος αἰνιττόμενοι. δεθεὶς δὲ ἐπὶ τούτῳ ὁ Προμηθεὺς ἐκολάσθη τοῦ ἥπατος αὐτῷ ὑπ' ἀετοῦ καταβιβρωσκομένου· ἡ γὰρ ἡμετέρα ἐντρέχεια, τὸ προειρημένον πλεονέκτημα σὺν τοῖς ἄλλοις ἔχουσα, πειρᾶταί τινος παρ' ἑαυτὴν δυσχρηστίας προσδεδεμένη ταῖς κατὰ τὸν βίον φροντίσιν ὀδυνηραῖς οὔσαις καὶ ὥσπερ εἰς τὰ σπλάγχνα ὑπὸ τῆς λεπτομεριμνίας ἐκβιβρωσκομένη. ἀδελφὸν δ' ἔφασαν εἶναι νεώτερον τοῦ Προμηθέως τὸν Ἐπιμηθέα, εὐηθέστερόν πως ὄντα τὸν τρόπον διὰ τὸ προτερεῖν τῇ τάξει τὴν προόρασιν | τῆς ἐκ 33
τῶν ἀποβαινόντων παιδείας καὶ ἐπιμηθείας· τῷ γὰρ ὄντι

ῥεχθὲν δέ τε νήπιος ἔγνω.

διὰ τοῦτο γὰρ τῇ πρώτῃ γενομένῃ γυναικὶ συνοικῆσαι τοῦτον ἔφασαν· ἀφρονέστερον γάρ πως δὴ καὶ τὸ θῆλυ εἶναι καὶ ἐπιμηθεῖσθαι μᾶλλον ἢ προμηθεῖσθαι πεφυκός. λέγεται δὲ ὑπό τινων καὶ τῶν τεχνῶν εὑρετὴς γενέσθαι ὁ Προμηθεὺς δι' οὐδὲν ἄλλο ἢ ὅτι συνέσεως καὶ προμηθείας δεῖ πρὸς τὴν εὕρεσιν αὐτῶν.

18 ῥεχθὲν … ἔγνω] Hom., *Il.* 17,32

1 κατ' ἀρχὰς Ζ*ρμ*: κατὰ ἀρχὰς G ‖ **1–3** λέγεται … δεῖται del. Lang ‖ **1** δὲ om. *δ* ‖ **2** ὁ Προμηθεὺς τῷ Διῒ *φ* | γὰρ] μὲν x (γὰρ x³ supra): om. L ‖ **3** προστάσεως *φ* ‖ **4** δέ] μὲν *π* | φησιν αὐτὸν m: αὐτόν φασι *π* ‖ **6** ἐμυθεύσαντο *τ*C **7** κατασκήπτουσι] καταπίπτουσι m ‖ **8** τοιοῦτον] τοῦτο *δ* | τοῦ del. Os. **9** τοῦτο xm: τούτου Z ‖ **10** αὐτῷ] αὐτοῦ x*δ* ‖ **11** τῶν προειρημένων m **13** ὥσπερ εἰς] ὡσπερεὶ *a* (ὡς περὶ x) ‖ **14** ὑπὸ τῆς λεπτομεριμνίας] ἐκ λεπτομεριμνίας (λεπτομερίας m: κλεπτομεριμνίας *b*) *δ* | ἐμβιβρωσκομένη *a*: ἐκβιβρωσκομένης G: ἐκβιβρωσκόμενος Z*ρ*RQ: ἐκβιβρωσκόμενον m ‖ **15** εἶναι νεώτερον] νεώτερον εἶναι V: νεώτερον x ‖ **16** προτερεῖν] προτρέχειν Os.: πρωτεύειν Gale ‖ **17** ἐπιμαθείας *δ* ‖ **18** ῥεχθὲν] ῥεχθὲν παθὼν m*π* Schm.: ῥεχθὲν παθὸς Z: ῥεχθὲν καὶ παθὼν *φ* | τε] τι m ‖ **19–21** διὰ … πεφυκός del. Lang ‖ **19** γὰρ] γοῦν Lang ad loc. | γενομένῃ om. *b*: γινομένῃ m ‖ **23** καὶ συνέσεως καὶ V¹Lx | δεῖ καὶ προμηθείας m

[19] Οἱ πλείους μέντοι τῇ Ἀθηνᾷ καὶ τῷ Ἡφαίστῳ αὐτὰς ἀνατιθέασι, τῇ μὲν Ἀθηνᾷ, ἐπειδὴ φρόνησις καὶ ἀγχίνοια εἶναι δοκεῖ, τῷ δὲ Ἡφαίστῳ διὰ τὸ τὰς πλείστας τῶν τεχνῶν διὰ πυρὸς τὰ ἑαυτῶν ἔργα ἀποδιδόναι. ὁ μὲν γὰρ αἰθὴρ καὶ τὸ διαυγὲς καὶ καθαρὸν πῦρ Ζεύς ἐστι, τὸ δ' ἐν χρήσει καὶ ἀερομιγὲς Ἥφαιστος, ἀπὸ τοῦ ἧφθαι ὠνομασμένος, ὅθεν καὶ ἐκ Διὸς καὶ Ἥρας ἔφασαν αὐτὸν γενέσθαι, τινὲς δὲ μόνης τῆς Ἥρας· αἱ γὰρ φλόγες παχυμερέστεραί πως οὖσαι ὡσὰν ἐκ μόνου τοῦ ἀέρος διακαιομένου τὴν ὑπόστασιν λαμβάνουσι. χωλὸς δὲ παραδέδοται τάχα μὲν διὰ τὸ παχεῖαν τὴν διὰ τῆς ὕλης πορείαν ποιεῖσθαι τοῖς ἐπισκάζουσιν ὅμοιαν, τάχα δὲ ἀπὸ τοῦ μὴ δύνασθαι προβαίνειν δίχα ξυλώδους
34 τινὸς ὡσὰν βάκτρου· τινὲς δέ, ἐπεὶ τὴν ἄνω | κίνησιν τῇ κάτω [πρὸς τὴν στροφὴν] ἄνισον καὶ ἀνώμαλον ποιεῖται, βραδυτέρας αὐτῆς οὔσης, χωλαίνειν αὐτὸν ἔφασαν. ῥιφῆναι δ' ὑπὸ τοῦ Διὸς εἰς γῆν ἐξ οὐρανοῦ λέγεται διὰ τὸ τοὺς πρώτους ἴσως ἀρξαμένους χρῆσθαι πυρὶ ἐκ κεραυνοβολίου καιομένῳ τούτῳ περιτυχεῖν, μηδέπω ἐπινοίᾳ τῶν πυρίνων ἐπιπεσεῖν δυναμένους. γυναῖκα δ' αὐτοῦ τὴν Ἀφροδίτην ἔφασαν εἶναι καθ' οἷον λόγον καὶ τῶν Χαρίτων μίαν· ὡς γὰρ χάριν φαμὲν ἔχειν τὰ τεχνικὰ ἔργα, οὕτω καὶ ἀφροδίτην τινὰ αὐτοῖς ἐπιτρέχειν λέγομεν, εἰ μὴ πρὸς παράστασιν τοῦ πολὺ τὸ πυρῶδες εἶναι ἐν ταῖς πρὸς τὰς μίξεις ὁρμαῖς

17–19 γυναῖκα … μίαν] cf. Hom., *Od.* 8,267–70; *Il.* 18,382

1 μέντοι V^2: μὲν *a*: μὲν ἐν *δ* (μέντοι ἐν C) ‖ **2** φρόνησις] φρόνιμος V^{1}Lx **4** τὰ … ἀποδιδόναι] γίνεσθαι m ‖ **4–5** τὸ διαυγὲς καὶ καθαρὸν *δ* (τὸ κ. καὶ δ. m): διαυγὲς καὶ καθαρὸν V^2: καθαρὸν *a* ‖ **5** ἀερομιγὲς] ἀεροβατὲς V^{1}L **8** οὖσαι] εἰσιν *σ* | ὡς ἂν mZ*ρτ*Q: ὡς C ‖ **9** ὑπόστασιν] ὑπόθεσιν *θ* | λαμβάνωσι Z: λαμβάνουσαι *π* ‖ **10** παχεῖαν] μὴ ταχεῖαν B: [...]χεῖαν G | διὰ om. *φ* ἐπισκιάζουσιν x*δ* (-ουσαν Z) ‖ **11** ὅμοιαν] ὁμόνοιαν *κ* | καὶ ἀπὸ *δ* ‖ **12** ὡσανεὶ *δ* | δ' ἐπεὶ x*b*: δ' ἐπὶ mQ: δὲ διὰ C | τὴν ἄνω] τὰ ἄνω m: τὸ τὴν ἄνω C | ἄνω κίνησιν] ἀνακίνησιν G | τῇ κάτω Stud.: τῆς κάτω codd. ‖ **13** πρὸς τὴν στροφὴν del. Lang | τὴν codd.: om. Lang | τὴν τροφὴν (τροπὴν N^3) m*b*: τροφὴν *φ* ποιεῖσθαι C ‖ **14** δ' αὐτῆς *a*m*b*: ταύτης Lang ‖ **15** ἐξ οὐρανοῦ om. *λ* (V^2 mg.) ἀρχομένους *φ* ‖ **16** κεραυνοβόλου *δ* | καιομένου C | τούτῳ] ὅτῳ *a*: τούτου C: αὐτῷ Vill. ‖ **17** τῶν πυρίνων x: τῶν πυρῶν *λ* (τῶν πυρίων V): τοὺς πυρίοις *ρ*: τοῖς (τοῦ N^3: τοὺς FN^4) πυρίοις *σφ*: τῶν πυρίοις Z: τῶν ποιεῖν m ‖ **18** οἷον] ὃν Os. ‖ **19** οὕτως *a* ‖ **20** πρὸς om. x ‖ **21** τοῦ om. *φ* πέπλασται τοῦτο. δεδεκέναι δὲ μυθεύονται τὸν Ἄρην μοιχεύοντα τὴν γυναῖκα· καὶ γὰρ ὁ μῦθος παρὰ τῷ ποιητῇ ἐστι, παλαιότατος ὤν, ἐπειδὴ τῇ τοῦ πυρὸς δυνάμει ὁ σιδηρὸς καὶ ὁ χαλκὸς δαμάζεται· τὸ δὲ τῆς μοιχείας πλάσμα παρίστησιν ὅτι οὐ πάνυ μὲν πέφυκε κατάλληλον τὸ μάχιμον καὶ βίαιον τῷ ἱλαρῷ καὶ μειλιχίῳ οὐδὲ κατὰ τὸν φυσικὸν αὐτῷ νόμον ἐπιπλέκεται, ἀντιποιούμενον δέ πως τῆς μίξεως αὐτοῦ καλὸν καὶ γενναῖον γέννημα, τὴν ἐξ ἀμφοῖν ἁρμονίαν, ἀποτελεῖ. λέγεται δὲ ὁ Ἥφαιστος μαιώσασθαι τὸν Δία, ὅτε ὤδινε τὴν | Ἀθηνᾶν, καὶ διελὼν αὐτοῦ τὴν κεφαλὴν 35 ἐκθορεῖν ἐκείνην ποιῆσαι· τὸ γὰρ πῦρ, ᾧ χρῶνται αἱ τέχναι, συνεργὸν πρὸς τὴν ἀπόδειξιν τῆς φυσικῆς τῶν ἀνθρώπων ἀγχινοίας γενόμενον ὥσπερ κεκρυμμένην αὐτὴν εἰς φῶς προήγαγε· τοὺς δὲ ζητοῦντάς τι καὶ προσευρέσθαι κύειν αὐτὸ καὶ ὠδίνειν φαμέν.

[20] Ἡ δὲ Ἀθηνᾶ ἐστιν ἡ τοῦ Διὸς σύνεσις, ἡ αὐτὴ οὖσα τῇ ἐν αὐτῷ προνοίᾳ, καθὸ καὶ Προνοίας Ἀθηνᾶς ἱδρύονται ναοί. γενέσθαι δ' ἐκ τῆς τοῦ Διὸς κεφαλῆς λέγεται, τάχα μὲν τῶν ἀρχαίων ὑπολαβόντων τὸ ἡγεμονικὸν τῆς ψυχῆς ἡμῶν ἐνταῦθ' εἶναι, καθάπερ καὶ ἕτεροι τῶν μετὰ ταῦτα ἐδόξασαν, τάχα δ' ἐπεὶ τοῦ μὲν ἀνθρώπου τὸ ἀνωτάτω μέρος τοῦ σώματος ἡ κεφαλή ἐστι,

1–3 δεδεκέναι … ὤν] cf. Hom., *Od.* 8,266–366

1 δεδωκέναι x: δεδυκέναι m*b* (δεδεκέναι B²) Q: δεδεικέναι C: δεδοικέναι *κ*: δεδηκέναι Os. | μυθεύονται V²*δ*: μυθεύεται x: om. *λ* ‖ **2–3** καὶ … ὤν del. Lang **2** γὰρ del. Schm. ‖ **3–4** δαμάζεται] δοκιμάζεται *τ* ‖ **6** αὐτῶν m*b*: αὖ *φ* ἐπιπλέκονται *θ*: ἐπιπέπλεκται G: ἐπιπλέκηται Z*ρ*R: ἐπιπλέκεσθαι εἴωθε Schm. | ἀντιποιουμένων Eud.: -ου Gale ‖ **7** αὐτὸ *θ*: αὐτὸν R: αὐτῶν GC **8** ἐπιτελεῖ x (hic def.): ἀποτελεῖν *b*Q: ἀποτελεῖν εἴωθε (-θεν *κ*) C: ἀποτελεῖσθαι Schm. | ὁ om. *φ* ‖ **9** τὴν Ἀθηνᾶν ὤδινεν *φ* | καὶ διελὼν] διελὼν γὰρ *δ* **10** λέγεται ποιῆσαι *τ* | τῷ ... πυρὶ mZ*ρφ* ‖ **11–12** ἀγχινοίας τῶν ἀνθρώπων V ‖ **12** κεκρυμμένην] κεκτημένην *φ* ‖ **13** καὶ (del. N⁴) προσευρέσθαι (ὄντας R supra, i. e. προσευρόντας [προσευρόντας Scri mg.]) *λ*mZ*ρτ*: καὶ προσευρόντας *θ*: καὶ προσευρέθη Q: εἰ προσευρέθη C: ὡς προσευρέσθαι Stud. ‖ **15** καὶ ἡ αὐτὴ *θ*R: καὶ αὐτὴ Z*ρ*G ‖ **15–16** ἐν αὐτῷ] εἰς αὐτὸ m ‖ **16** ἵδρυνται Nauck ‖ **17** ἐκ τῆς] αὐτῆς Q: αὐτὴν τῆς C ‖ **17–19** τάχα … ἐδόξασαν] διὰ τὸ τὸ ἡγεμονικὸν ἐνταῦθ' εἶναι τῶν ὑπολαβόντων τῆς ψυχῆς m ‖ **19** ἔδοξαν m*πφ* (ἔγνωσαν *μ*) **20** μὲν … τὸ] μὲν post τὸ *φ* | ἀνωτάτω *Ξ*: ἀνώτατον *ω* (ἀνώτατα L: ἀνώτερον *κ*) τοῦ δὲ κόσμου ὁ αἰθήρ, ὅπου τὸ ἡγεμονικὸν αὐτοῦ ἐστι καὶ ἡ τῆς φρονήσεως οὐσία·

> κορυφὴ δὲ θεῶν

(κατὰ τὸν Εὐριπίδην)

> ὁ περὶ χθόν' ἔχων φαεννὸς αἰθήρ.

Ἀμήτωρ δέ ἐστιν ἡ Ἀθηνᾶ διὰ τὸ ἀλλοίαν εἶναι τὴν τῆς ἀρετῆς γένεσιν καὶ οὐχ οἵα ἡ τῶν ἐκ συνδυασμοῦ γενομένων ἐστί. τὴν Μῆτιν οὖν καταπιὼν ὁ Ζεὺς ἐγέννησεν αὐτήν, ἐπειδὴ μητιέτης
36 καὶ συνετὸς ὢν οὐδαμόθεν ἄλλοθεν ἢ ἐκ τῆς καθ' ὅλου βουλῆς τὴν | ἀρχὴν τοῦ φρονεῖν ἔσχεν. τὸ δ' ὄνομα τῆς Ἀθηνᾶς δυσετυμολόγητον διὰ ἀρχαιότητά ἐστι, τῶν μὲν ἀπὸ τοῦ ἀθρεῖν πάντα οἷον Ἀθρηνᾶν αὐτὴν εἰπόντων εἶναι, τῶν δὲ διὰ τὸ καίπερ θήλειαν οὖσαν ἥκιστα θηλύτητος καὶ ἐκλύσεως μετέχειν τὴν Ἀθηνᾶν· ἄλλοι δὲ ἀπὸ τοῦ μὴ πεφυκέναι θένεσθαι καὶ ὑποτάττεσθαι τὴν ἀρετήν· τάχα δ' εἰ Ἀθηναία, ὡς οἱ παλαιοὶ τὴν Ἀθηνᾶν ἔλεγον, αἰθεροναία ἐστίν. ἡ δὲ παρθενία αὐτῆς τοῦ καθαροῦ καὶ ἀμιάντου σύμβολόν ἐστι· τοιοῦτον γάρ τι ἡ ἀρετή. καθωπλισμένη δὲ πλάττεται καὶ οὕτως ἱστοροῦσιν αὐτὴν γεγονέναι παριστάντες ὅτι αὐτάρκως πρὸς τὰς μεγίστας καὶ

3–5 κορυφὴ … αἰθήρ] Eur., fr. 919 Kann.

2 οὐσία V[2] mg. L supra Z mg. Q mg.: αἰτία *ω* ‖ **4** κατ' Εὐριπίδην C ‖ **5** χθόν' Eur., fr. 919 Kann.: χθόνα *λ*C: χθονὸς m*π* (χθόνας N[3]): χθόνης ZQ | φαεννὸς codd. (-ας L) Eur. cit.: φαεινὸς G[2]*κ* ‖ **6–7** Ἀμήτωρ … ἐστί del. Lang ‖ **6** ἐστιν om. C ‖ **7** οἵα ἡ Lang (οἷα ἡ G[2]): οἵα V: οἷα Lm*b*: οἵαν *φ* (οἷαν Q*κ*) | ἐστί om. C **9** ἄλλοθεν om. *φ* | ὅλου Os. ad loc.: ὁδὸν codd.: αὐτὸν Gale ‖ **10** φρονεῖν εἶχε G: ἔσχε τοῦ φρονεῖν C ‖ **11** δι' ἀρχαιότητα *ρ*G: διὰ τὴν ἀρχαιότητα C: δι' ἀρχαιότατον m ‖ **12** οἷον] καὶ οἷον m: om. *κ* ‖ **13** μετέχειν] Ἀθήλην ἤγουν χωρὶς θηλῆς ὠνόμασαν postea d[4] ‖ **14–15** ἄλλοι … ἀρετήν del. Lang **15** ἀρετήν] ἀρχήν G ‖ **15–16** εἰ … ἐστίν] ἀπὸ τοῦ αἰθέρος ὡς καὶ οἱ παλαιοὶ ταύτην ἔλεγον αἰθεροναίαν C: Ἀθηναία, ὡς οἱ παλαιοὶ τὴν Ἀθηνᾶν ἔλεγον, ἀπὸ τοῦ αἰθέρος οἷον Αἰθεροναία ἐστίν Os. ‖ **15** παλαιοὶ] πολλοὶ m **16** παρθενεία G: παρθένος mQ | αὐτῆς] αὐτῶν *ρ*: αὐτοῦ *θ*: αὐτῷ *τ*: om. m **17** τοιοῦτο L*b* | τοιοῦτον … ἀρετή del. Lang | τι] τοι L*φ*: τοι καὶ m ‖ **18** δὲ] γὰρ C ‖ **18–19** καὶ … γεγονέναι om. m ‖ **19** αὔταρκος G

δυσχερεστάτους πράξεις παρασκευάζεται ἡ φρόνησις· μέγισται γὰρ δοκοῦσιν αἱ πολεμικαὶ εἶναι. διὰ ταύτην δὲ τὴν αἰτίαν καὶ τὸ ἔπανδρον καὶ γοργωπὸν αὐτῇ ἀνατιθέασι πολὺ ἔχειν, τοιοῦτόν τι ἐμφαινούσης καὶ τῆς γλαυκότητος αὐτῆς· καὶ γὰρ τῶν θηρίων τὰ ἀλκιμώτατα, οἷον αἱ παρδάλεις καὶ οἱ λέοντες, γλαυκά εἰσι, δυσαντίβλεπτον στίλβοντα ἀπὸ τῶν ὀμμάτων· ἔνιοι δέ φασι τοιαύτην αὐτὴν παρεισάγεσθαι διὰ τὸ τὸν αἰθέρα γλαυκὸν εἶναι. πάνυ δ' εἰκότως συμμετέχει τῷ Διῒ τῆς αἰγίδος, οὐχ ἑτέρα οὖσα
τοῦ παρ' ὃ δοκεῖ | διαφέρειν ἁπάντων καὶ περιγίνεσθαι ὁ Ζεύς. 37
προτομὴ δ' ἐν αὐτῇ Γοργόνος ἐστὶ κατὰ μέσον τῆς θεᾶς τὸ στῆθος ἔξω προβεβληκυῖα τὴν γλῶτταν ὡσὰν ἐκφανεστάτου ὄντος ἐν τῇ τῶν ὅλων οἰκονομίᾳ τοῦ λόγου. οἱ δὲ δράκοντες καὶ ἡ γλαὺξ διὰ τὸ ἐμφερὲς τῶν ὀμμάτων ἀνατίθενται ταύτῃ γλαυκώπιδι οὔσῃ· σμερδαλέον γὰρ ὁ δράκων δέδορκε καὶ φυλακτικόν τι ἔχει καὶ ἄγρυπνον καὶ οὐκ εὐθήρατος εἶναι δοκεῖ·

οὐ χρὴ δὲ παννύχιον εὕδειν βουληφόρον ἄνδρα.

λέγεται δ' Ἀτρυτώνη μὲν ὡσανεὶ οὐ τρυομένη ὑπ' οὐδενὸς πόνου ἢ ὡς ἀτρύτου τοῦ αἰθέρος ὄντος, Τριτογένεια δέ, ὅτι ἡ τοῖς κακοῖς ἐγγεννῶσα τὸ τρεῖν καὶ τρέμειν αὕτη ἐστίν – ἦρται γὰρ πόλεμον πρὸς τὴν κακίαν –, ἄλλοι δέ φασι διὰ τούτου παρίστασθαι τὰ τρία γένη τῶν σκεμμάτων τῆς κατὰ φιλοσοφίαν θεωρίας, πανουργοτέραν διόρθωσιν ἢ κατὰ τὴν ἀρχαίαν ὁλοσχέρειαν ἔχοντος τούτου. λαοσσόον δὲ αὐτὴν ἐπονομάζουσι διὰ τὸ σεύειν ἐν

16 οὐ … ἄνδρα] Hom., *Il.* 2,24 = 2,61

1 δυσχερεστάτους *Ξ*: δυσφορωτάτους *ω* (-τάτας Eud.) ‖ **1–2** μέγισται … εἶναι] μέγιστα γ. δ. ὠφελεῖν οἱ ὡπλισμένοι C ‖ **2** διὰ δὲ ταύτην *κ*: διὰ ταύτην οὖν Os. ‖ **3** πολὺ ἔχειν del. Os. ad loc. ‖ **4** καὶ[1] om. G ‖ **5** οἷον] οἷς LQ: om. m **7** τοιαῦτα αὐτὰ LmZ*ρφ* (τοιαῦτα αὐτῇ *μ*): τοιαύτην αὐτα N[4] | αἰθέρα] ἀέρα C **8** οὐχ … οὖσα] οὐχ ὑστεροῦσα Luc. ‖ **9** διαφέρει … περιγίνεται *π* **10** προτομὴ] κεφαλὴ C | αὐτῷ *a*mZ*ρ*Q | τῆς Γοργόνος B | τὸ μέσον *π* **11** προβεβηκυῖα L*δ* | γλῶσαν *π* (-σσαν G) | ὡς ἂν codd. | ἐμφανεστάτου m **11–12** ὄντος … λόγου] τοῦ λόγου ante ὄντος m ‖ **13** ταύτῃ τῇ *κ* ‖ **15** οὐκ om. C | εὐθήρατον *θ*: -α Z*ρ*: ἀθήρατος *φ* ‖ **16** οὐ … ἄνδρα del. Lang | δὲ] γὰρ C **17** Ἀτριτώνη δὲ λέγεται m | μὲν om. *κ* ‖ **18** ὡς] ὡσὰν Os. ‖ **19** ἦρται] ἦρε *σ* (εἶρε G[2]): ἤρανται Q: ἤρηνται C ‖ **21** τῆς] τὴν *κ* (τὴν … θεωρίαν): τῶν Mart. **22** διάρθρωσιν A[m]*σ* (-θωσιν G[2]: *articulationem* N[3] mg.): διάθεσιν T ‖ **23** σούειν *φ*: σόειν Os.

ταῖς μάχαις τοὺς λαούς [, ὡς ληῖτις ἐκλήθη ἀπὸ τῆς λείας,] ἢ
μᾶλλον διὰ τὸ σώτειραν αὐτὴν τῶν χρωμένων αὐτῇ λαῶν εἶναι·
καὶ πόλεως γὰρ καὶ οἴκου καὶ τοῦ βίου παντὸς προστάτιν
38 ποιητέον τὴν φρόνησιν· ἀφ' οὗ δὴ καὶ ἐρυσίπτολις καὶ | πολιὰς
ὠνόμασται, καθάπερ ὁ Ζεὺς πολιεύς· ἐπίσκοποι γὰρ ἀμφότεροι
τῶν πόλεων. Παλλὰς δὲ λέγεται διὰ τὴν μεμυθευμένην περὶ αὐτὴν
νεότητα, ἀφ' οὗ καὶ οἱ πάλληκες καὶ παλλακαὶ προσαγορεύονται·
σκιρτητικὸν γὰρ καὶ παλλόμενον τὸ νέον. ἵδρυνται δὲ αὐτὴν ἐν
ταῖς ἀκροπόλεσι μάλιστα, τὸ δυσκαταγώνιστον καὶ
δυσπολιόρκητον ἐμφῆναι θέλοντες ἢ τὸ ἄνωθεν ἐφορᾶν τοὺς
προσπεφευγότας αὐτῇ ἢ τὴν μετεωρότητα παριστάντες τοῦ καθ' ὃ
μέρος ἐστὶ τῆς φύσεως ἡ Ἀθηνᾶ. Ἀλαλκομενηίδα δὲ αὐτὴν
καλοῦσιν οἱ ποιηταὶ καὶ ἀγεληίδα, τὸ μὲν ἀπὸ τοῦ ἀλαλκεῖν
παράγοντες – ἱκανὴ γὰρ ἐπαμύνειν ἐστὶ καὶ προσβοηθεῖν, ἐξ οὗ
καὶ Νίκη προσαγορεύεται –, τὸ δ' ἤτοι ἀπὸ τοῦ ἄγειν αὐτὴν τοὺς
λαοὺς ἢ ἀπὸ τοῦ ἀδάμαστον εἶναι ταῖς ἀγελαίαις βουσὶν ὁμοίως,
ἃς μάλιστα θύουσιν αὐτῇ. τοὺς δὲ αὐλοὺς εὑρεῖν μὲν λέγεται
καθάπερ τἆλλα ἐν ταῖς τέχναις γλαφυρά, ἀφ' οὗ καὶ ἐπιστάτις τῆς
ταλασιουργίας ἐστί, ῥῖψαι δὲ ὡς ἐκθηλύνοντος τὰς ψυχὰς τοῦ δι'
αὐτῶν ἀποδιδομένου μέλους καὶ ἥκιστα ἐπάνδρου καὶ πολεμικοῦ
δοκοῦντος εἶναι. ἡ δ' ἐλαία δῶρον αὐτῇ διά τε τὸ ἀεὶ θάλλειν καὶ
39 διὰ τὸ γλαυκωπόν | τι ἔχειν· καὶ τὸ ἔλαιον δὲ οὐκ εὐνόθευτόν ἐστι

12–13 Ἀλαλκομενηίδα … ἀγεληίδα] cf. Hom., *Il.* 4,8, 128 etc.

1 τὸν λαὸν *κ* | ὡς … λείας del. Lang | λήϊτις Z*ρτ*: ληΐτης m*θ*: λῆϊς τὶς C: ληϊστὶς *κ* ‖ **2** αὐτὴν] αὐτῶν m | χρωμένων αὐτῇ] χρωμάτων αὐτὸ m: χρωμάτων Q: χρημάτων καὶ τῶν C | εἶναι λαῶν *π* ‖ **3** καὶ[1] om. m | προστάτην *λ*m*κ* ‖ **4** ποιητέον] οἱ ποιηταὶ C | φρόνησιν] φρόνησιν φασιν C ‖ **5** ὠνομάσθη Os. | καθάπερ] ὥσπερ δὴ καὶ C | ἀμφοτέροις m (hic def.) ‖ **7** οὗ δὴ G | οἱ om. C | αἱ παλλακαὶ Luc. ‖ **8** γὰρ] δὲ L*φ* | τὸν νέον *κ* (τῶν νέων Ald) | ἵδρυνται δὲ αὐτὴν V[2]: ἵδρυνται δὲ *λ*Z*ρ*: ἵδρυται δ' *σ*: ἥδρασται δὲ *φ* ‖ **10** ἐφορᾶν V[2]L: ὁρᾶν V[1]*δ*: ἀφορᾶν Os. ad loc. ‖ **11** πεφευγότας V | ἢ τὴν μετεωρότητα] εἶτα μετεωροτάτους *φ* | καθιστάντες *b*: μεθιστάντας Q: μεθιστᾶν C | τοῦ καθὸ *λ*: καθὸ C: αὐτῆς, καθὸ Os. ‖ **12** ἡ Ἀθηνᾶ om. *φ* ‖ **13** οἱ ποιηταὶ καλοῦσι L*δ* (καλοῦσι *κ*) | ἀγεληίδα] ἀγελείην V ‖ **14** γὰρ καὶ Q | ἐστιν ἐπαμύνειν C ‖ **15** τὸ δ' ἤτοι V[2]: τὸ δέ τι *λb*Q: τὸ δὲ C: τὸ δ' ἐστὶ Os. ‖ **16** ἀγελίαις L*δ* ‖ **17** λέγεται om. *φ* ‖ **18** καὶ τἆλλα C | ἐπιστάτης B[1]Q ‖ **19** τοῦ] τῶν Q ‖ **20** ἀποδιδομένου *Ξ*: ἀποδεδομένου *ω* (-διδο- B[2] ex –δεδο-) ‖ **21** αὐτῇ ἐστὶ Os.: αὐτῆς Schmidt | τε om. *φ* | ἀεὶ *Ξ*: om. *ω* ‖ **22** διὰ om. *b* | εὐνόθετον Z*ρ*R: ἀνόθευτος *φ* δι' ἄλλου ὑγροῦ, ἀλλ' ἀκέραιον ἀεὶ μένει ὡς τῇ παρθενίᾳ κατάλληλον εἶναι δοκεῖν. ἄρεια δ' ἐκλήθη τῷ στρατηγικὴ εἶναι καὶ διοικητικὴ πολέμων καὶ ὑπερμαχητικὴ τοῦ δικαίου· δεινότης γὰρ περὶ πάντα ἐστὶ καὶ συγκεφαλαίωμα πασῶν τῶν ἀρετῶν· καὶ ἱππίαν καὶ δάμνιππον καὶ δορυκέντορα καὶ πολλαχῶς ἄλλως αὐτὴν προσαγορεύουσι, καὶ ἀνιστᾶσι τὰ τρόπαια ἐκ ξύλων ἐλαΐνων μάλιστα. καὶ τὴν Νίκην αὐτῇ πάρεδρον διδόασιν, ἥτις ἐνὶ εἴκειν, τῷ περιγινομένῳ, ποιεῖ, πτερωτὴ παρεισαγομένη διὰ τὸ ὀξύρροπον καὶ εὐμετάβολον τῶν παρατάξεων. καὶ ἐν τῇ πρὸς τοὺς Γίγαντας δὲ μάχῃ παραδίδοται ἠριστευκυῖα ἡ Ἀθηνᾶ καὶ γιγαντοφόντις ἐπονομάζεται κατὰ τοιοῦτον λόγον. τοὺς γὰρ πρώτους ἐκ γῆς γενομένους ἀνθρώπους εὔλογον βιαίους καὶ θυμικοὺς κατ' ἀλλήλων γενέσθαι διὰ τὸ μηδέπω δύνασθαι διακρίνεσθαι μηδ' ἐρριπίσθαι τὸν ἐνόντα αὐτοῖς σπινθῆρα τῆς κοινωνίας. οἱ θεοὶ δὲ ὡσπερεὶ νύττοντες καὶ ὑπομιμνήσκοντες αὐτοὺς τῶν ἐννοιῶν περιγεγόνασι· καὶ μάλιστα ἡ κατὰ τὸν λόγον ἐντρέχεια κατεπολέμησε καὶ ὑπέταξεν οὕτως ὡς | ἐξεληλακέναι 40 καὶ ἀνῃρηκέναι αὐτοὺς ὡς τοσούτους δοκεῖν· ἀλλοῖοι γὰρ αὐτοί τ' ἐκ μεταβολῆς ἐγένοντο καὶ οἱ γεγονότες ἐξ αὐτῶν συμπολισθέντες ὑπὸ τῆς Πολιάδος Ἀθηνᾶς.

[21] Ἄλλοι δὲ περὶ τὰ πολεμικὰ ἀναστρέφονται θεοὶ μηκέθ' ὁμοίως τοῦ εὐσταθοῦς καὶ τοῦ κατὰ λόγον στοχαζόμενοι, ταραχω-

1 μένους *φ* (μένει *κ*) | παρθένῳ *φ* ‖ **2** εἶναι[1] *Ξ*: om. *ω* | δοκεῖ *κ* ‖ **4** περὶ πάντα *Ξ*: περὶ (om. C) πάντων *ω* | καὶ[1] om. *κ* | κεφαλαίωμα C | τῶν del. Os. **4–9** καὶ[2] … παρατάξεων del. Lang ‖ **5** ἱππίαν *ThGL*: ἱππείαν *λbQ*: ἱππείαν δὲ C | δάμνιππον codd.: δαμάσιππον Nauck | δορυκέντορα *ThGL*: δορυκέντοραν *Ξ*: δορυκέντειραν *ω*: δορικέντορα Lang ‖ **6** ἀνιστᾶσιν αὐτῇ τρόπαια C | ἐλαΐδων *φ* ‖ **7** μάλιστα. καὶ *Ξ*: μάλιστα δὲ καὶ *ω* (ante μ. interp.) ‖ **8** περιγιγνομένῳ L: περιγενομένῳ *b* | παρεισάγεται C ‖ **9** παρατάξεων] πράξεων *φ* **11** γιγαντοφόντης *b* (-τις B[2] mg.) *φ*: γιγαντοφάντης *κ* (-τις *μ*) ‖ **12** γινομένους V[1]LZ*φ* ‖ **14** διακρῖναι *π* | μηδ' ἐρριπίσθαι Hems.: μὴ δὲ ῥιζῶσαι *λ*ZQ: καὶ μὴ ῥιζῶσαι *ρ*: καὶ ῥιζῶσαι *σ*: μὴ δ' ἐρριζῶσθαι C: μὴ δὲ ῥιζῶσθαι *κ*: μηδ' ἐρριζῶσθαι Os. | ἐνόντα] ἐν G ‖ **15** οἱ θεοὶ δὲ] ὡς θεοὶ δὲ G: οἱ δὲ θεοὶ C | ὥσπερ *b* | καὶ ὑπομιμνήσκοντες om. G ‖ **16** τῶν om. G | τὸν om. C **17** κατεπολέμησεν BQ | ὡς] ὥστ' Os. ‖ **17–18** ὡς … ἀνῃρηκέναι del. Schmidt ‖ **18** ὡς … δοκεῖν] ὡς μὴ (μηκέτι Schmidt) τοιούτους (τοιούτους μὴ N[3]N[4]) δοκεῖν *σ*: δηλονότι μεταβεβληκέναι C | ἄλλοι *φ* ‖ **19** συμπολισθέντες εἰσὶν Os. ex C (συμποδισθέντες εἰσὶν) ‖ **20** Πολιάδος Ἀθηνᾶς] Παλλάδος Ἀ. δηλαδὴ τῆς γνώσεως C

δέστεροι δέ πως, ὅ τε Ἄρης καὶ ἡ Ἐνυώ· καὶ τούτους δ' εἰσῆγεν εἰς
τὰ πράγματα ὁ Ζεὺς ἐρεθίσας κατ' ἀλλήλων τὰ ζῷα καὶ οὐκ
ἄχρηστον οὐδὲ τοῖς ἀνθρώποις ἔσθ' ὅπου τὴν δι' ὅπλων διάκρισιν
ἐμβαλών, ἵνα τε τὸ γενναῖον καὶ ἀνδρεῖον αὐτοί [τε] ἐν ἑαυτοῖς καί
γε ἐπ' ἀλλήλους τὸ οἰκεῖον τῆς εἰρήνης εὖ ἀσμενίζωσι. διὰ ταύτην
μὲν οὖν τὴν αἰτίαν Διὸς υἱὸς καὶ ὁ Ἄρης παραδέδοται, [οὐ κατ'
ἄλλον λόγον ἢ καὶ ὀβριμοπάτρα ἡ Ἀθηνᾶ]· περὶ δὲ τῆς Ἐνυοῦς οἱ
μὲν ὡς μητρός, οἱ δ' ὡς θυγατρός, οἱ δ' ὡς τροφοῦ Ἄρεως διαφέ-
ρονται, διαφέροντος οὐδέν· Ἐνυὼ γάρ ἐστιν ἡ ἐνιεῖσα θυμὸν καὶ
ἀλκὴν τοῖς μαχομένοις ἢ κατ' εὐφημισμὸν ἀπὸ τοῦ ἥκιστα ἐνηὴς
καὶ ἐπιεικὴς εἶναι. ὁ δ' Ἄρης τὴν ὀνομασίαν ἔσχεν ἀπὸ τοῦ αἱρεῖν
41 καὶ ἀν|αιρεῖν ἢ ἀπὸ τῆς ἀρῆς, ἥ ἐστι βλάβη, ἢ πάλιν κατ' ἐναντίω-
σιν, ὡσανεὶ ἐκμειλισσομένων αὐτὸν τῶν προσαγορευσάντων·
διαστατικὸς γὰρ καὶ λυμαντικὸς τῶν προσηρμοσμένων γίνεται
οὖν ἀπὸ τοῦ ἄρσαι, ὅ ἐστιν ἁρμόσαι, τοιούτου τάχα τινος ἐχομένης
καὶ τῆς Ἁρμονίας, ἣν ἐμύθευσαν ἐξ αὐτοῦ γενέσθαι. εἰκότως δὲ καὶ
μιαιφόνος λέγεται καὶ βροτολοιγός, καὶ ἀλαλάξιος καὶ βριήπυος,
μεγίστης ἐν ταῖς παρατάξεσιν ὑπὸ τῶν μαχομένων ἀφιεμένης

1 ἡ om. *κ* ‖ **2** καὶ om. C ‖ **3** οὐδὲ] δὲ τοῦτο antea C | ἔσθ' ὅπου] ἔσθ' ὅτου Q: ἔστι γὰρ ὅτε C ‖ **4** ἐνέβαλεν *σ*: ἐμβάλλει C | τε[1] om. C: del. Schm. | τε[2] del. Lang ‖ **5** εἰρήνης] ἀρετῆς C | εὖ ἀσμενίζωσι Lang (εὐασμενίζωσι Os.): ἐνασμενίζωσι *λσ*: ἐνασμενίζουσι Z*ρ*: ἵνα ὁμενίζουσι Q: εὐμενίζουσι C ‖ **6** μὲν οὖν τὴν αἰτίαν V: μὲν τὴν αἴτησιν L: μὲν τὴν αἰτίαν Z*ρτ*: μὲν αἰτίαν *θ*Q: τὴν αἰτίαν C | τὴν codd.: om. Lang | καὶ om. C | ὁ om. Q | παραδίδοται *κ* ‖ **6–7** οὐ κατ' ἄλλον λόγον Lang: κατ' ἄλλον λόγον V: κατ' ἄλλον LZ*ρ*Q: οὐ κατ' ἄλλον N[2]: οὐ κατὰ ἄλλον G: οὐ κατ' ἄλλο *θ*R Os. ‖ **6–7** οὐ … Ἀθηνᾶ om. C: del. Lang ‖ **7** ὀβριμοπάτρα V[2] (-πάτρις V[1]: α super -ις V[2]): ὀμβριμοπάτρις *λb*: ἐβριμόπατρις Q: ὀβριμοπάτρις Lang: ὀβριμοπάτρη Os. | περὶ δὲ τῆς Ἐνυοῦς] τὴν δ' ἐννιὼ C ‖ **7–8** οἱ … τροφοῦ] οἱ μὲν μητέρα, οἱ δὲ θυγατέρα, οἱ δὲ τροφὸν C ‖ **8** ἄρεος *ρτ* ‖ **8–9** διαφέρονται] παρέδωκαν C ‖ **9** διαφέροντος V[2]: διαφέροντες *λb*Q: διαφέρουσι δὲ C | Ἐνυὼ γάρ] ἐννῶ γάρ G: ἐνιὼ γάρ Q: ἐνιὼ δὲ C ‖ **11** εἶναι ὠνόμασται Lang | αἱρεῖν Q: αἵρειν Os. ‖ **12** τῆς ἀρῆς] τοῦ ἀρὴ *λ* (ἀρῆ L) | ἥ … βλάβη] ὅ … βλάβης *b* ‖ **13** προσαγορευόντων *φ* ‖ **14** διαστατικὴ … λυμαντικὴ Q ‖ **14–15** διαστατικὸς … οὖν om. C ‖ **14–15** γίνεται οὖν dub. del. Schmidt ‖ **14–15** γίνεται … ἁρμόσαι del. Lang ‖ **15** οὖν] ἢ οὖν G (post γίνεται interp.) | ἄρσαι *b*: νᾶρσαι Q: νάρσαι C | ἁρμόσαι] ἡ γὰρ δραστικὴ δύναμις προσαρμόζει τὰ πράγματα postea C | εὐχομένης *π* ‖ **17** βριήπυος Hom., *Il.* 13,521: βριήπιος *b* (εὐριήπιος B[2] mg.): βοήπιος *λ*: μιόπιος *φ* **18** μεγίσταις *κ* | παρατάξεσιν] πράξεσιν *φ* | ὑπὸ τῶν μαχομένων om. V[1] φωνῆς, ὅθεν καὶ ὄνους τινὲς αὐτῷ σφαγιάζουσι διὰ τὸ ταραχῶδες καὶ γεγωνὸν τῆς ὀγκήσεως, οἱ πλεῖστοι δὲ κύνας διὰ τὸ θρασὺ καὶ ἐπιθετικὸν τοῦ ζῴου. τιμᾶσθαι δ' ὑπὸ Θρᾳκῶν μάλιστα καὶ Σκυθῶν καὶ τῶν τοιούτων ἐθνῶν λέγεται, παρ' οἷς ἡ τῶν πολεμικῶν ἄσκησις εὐδοκιμεῖ καὶ τὸ ἀνεπιστρεφὲς τῆς δίκης. γῦπα δ' ἱερόν φασιν αὐτοῦ ὄρνιν εἶναι διὰ τὸ πλεονάζειν ὅπου πότ' ἂν πτώματα πολλὰ ἀρηΐφθορα ᾖ.

[22] Μετὰ δὲ ταῦτα περὶ τοῦ Ποσειδῶνος, ὦ παῖ, λεκτέον. προείρηται μὲν ὅτι ὁ αὐτός ἐστι τῇ τεταγμένῃ κατὰ τὸ ὑγρὸν δυνάμει, νῦν δὲ παραμυθητέον τοῦτο. πρῶτον μὲν οὖν φυτάλιον αὐτὸν ἐπωνόμασαν, ἐπειδὴ τοῦ φύεσθαι τὰ ἐκ γῆς γινόμενα ἡ ἐν | 42
αὐτῇ δηλονότι ἰκμὰς παραιτία ἐστίν· εἶτα ἐνοσίχθονα καὶ ἐνοσίγαιον καὶ σεισίχθονα καὶ

τινάκτορα γαίας

ὡς οὐ παρ' ἄλλην αἰτίαν τῶν σεισμῶν γινομένων ἢ παρὰ τὴν εἰς τὰς ἐν τῇ γῇ σήραγγας ἔμπτωσιν τῆς τε θαλάσσης καὶ τῶν ἄλλων ὑδάτων· στενοχωρούμενα γὰρ τὰ ἐν αὐτῇ πνεύματα καὶ ἔξοδον ζητοῦντα κλονεῖσθαι καὶ ῥήγνυσθαι αὐτὴν ποιεῖ. ἀποτελουμένων δὲ ἔσθ' ὅτε καὶ μυκημάτων κατὰ τὴν ῥῆξιν εὐλόγως ὑπό τινων καὶ μυκητὰς εἴρηται τῆς θαλάσσης τινα τοιοῦτον ἦχον ἀποτελούσης, ἀφ' οὗ καὶ ἠχήεσσα καὶ ἀγάστονος καὶ πολύφλοισβος λέγεται· ἐντεῦθεν δὲ ἔδοξαν καὶ οἱ ταῦροι αὐτῷ προσήκειν, καὶ θύουσιν

14 τινάκτορα γαίας] Soph., *Trach.* 502 (Ποσειδάωνα τινάκτορα γαίας)

1 τινὲς καὶ ὄνους L*δ* | σφαγιάζουσι] σχεδιάζουσι V¹L ‖ **2** γεγωνὸν Nauck: γεγωνὸς *λ*Z*ρθ*: γεγονὸς G*φ* ‖ **4** παρ' οἷς] ἐπεὶ παρ' ἐκείνοις C ‖ **4–5** ἡ τῶν πολεμικῶν V²: τῶν πολεμικῶν ἡ C: ῥητῶν πολεμικῶν *λ*ZQ: ῥητῶν πολέμων *σ*: ῥητῶν πολικῶν *ρ* ‖ **5** γύπου L ‖ **6** αὐτοῦ *Ξ*: αὐτῷ *ω* | πλεονάζειν] τὰ ὄρνεα ταῦτα postea C | πότ' ἂν] ἂν εἴη C ‖ **7** ἀρηΐφθογγα *φ* | ᾖ V²: ὦσι *σ*: ὄντα cett. **9** μὲν δὴ B | ὁ om. *λ* | τὸ om. *ρθ* ‖ **11** τῆς γῆς *φ* | γενόμενα Lang ‖ **12** παραίτιος C | εἶτα om. *φ* ‖ **14** γαίης *ρ*G ‖ **15–16** τὴν εἰς τὰς] τὸ εἰς (om. C) τοὺς *φ* **16** τῆς τε θαλάσσης] τῆς θαλάσσης *π*C: τῶν θ. Z: τῆς τε θαλάττης Lang **17** δέχεσθαι στενοχωρούμενα C | αὐτῇ] αὐταῖς Os. (P [αὐτοῖς] coll.) **18–19** ἀποτελουμένων δὲ *Ξ*: ἀποτελουμένων *ω* (ante ἀ. non interp.) **19** ῥῆξιν εὐλόγως Z*ρ*Q: ῥῆξιν· εὐλόγως *λσ*: ῥῆξιν εὐλόγως C (post εὐ. interp.) **19–21** εὐλόγως … λέγεται del. Lang ‖ **19** τινων δὲ C | καὶ² om. G **20** μυκητὰς VScri: μυκήτας LZ*ρθ*: μυκῆτες *τ*: μήκοιτας *φ* | εἴρηνται *τ* θαλάττης *a* | ὑποτελούσης Z ‖ **22** ἔδοξαν om. *φ* (δὲ ἔ. om. C) | προσήκουσι C αὐτῷ ταύρους. παμμέλανας διὰ τὴν χροιὰν τοῦ πελάγους καὶ ἐπεὶ ἄλλως τὸ ὕδωρ μέλαν εἶναι λέγουσιν, εὐλόγως ἤδη κυανοχαίτου αὐτοῦ εἰρημένου καὶ ἐν ἐσθῆτι εἰσαγομένου τοιαύτῃ· τούτου δ' ἕνεκεν καὶ τοὺς ποταμοὺς κερασφόρους καὶ ταυρωποὺς ἀναπλάττουσιν, ὡσὰν βίαιόν τι τῆς φορᾶς αὐτῶν καὶ μυκητικὸν ἐχούσης· καὶ γὰρ ὁ Σκάμανδρος παρὰ τῷ ποιητῇ

> ἤρυγεν ὡς ὅτε ταῦρος.

κατ' ἄλλον δὲ τρόπον γαιήοχος λέγεται ὁ Ποσειδῶν καὶ θεμελιοῦχος ὑπό τινων καὶ θύουσιν αὐτῷ Ἀσφαλείῳ Ποσειδῶνι
43 πολλαχοῦ ὡσὰν ἐπ' αὐτῷ κειμένου | τοῦ ἀσφαλῶς ἑστάναι τὰ
οἰκήματα ἐπὶ τῆς γῆς [καὶ αὐτοῦ δέοντος]. τρίαινα δ' αὐτοῦ φόρημά ἐστι πότερον ἐπεὶ χρῶνται αὐτῇ πρὸς τὴν τῶν ἰχθύων θήραν ἢ ὡς ἐπιτηδείου τούτου τοῦ ὀργάνου πρὸς τὴν κίνησιν τῆς γῆς ὄντος, ὡς εἴρηται·

> καὶ δ' αὐτὸς ἐννοσίγαιος ἔχων χείρεσσι τρίαιναν
> ἡγεῖτ'· ἐκ δ' ἄρα πάντα θεμείλια χεῦε θύραζε.

ἔχεταί τινος ἀποκεκρυμμένου ἐτύμου αὐτή τε καὶ ὁ Τρίτων καὶ Ἀμφιτρίτη, εἴτουν πλεονάζοντος ἐν αὐτῇ τοῦ τ στοιχείου, ἀπὸ δὲ τῆς ῥύσεως αὐτῶν οὕτως ὠνομασμένων, εἴτε καὶ παρ' ἄλλην

7 ἤρυγεν … ταῦρος] Hom., *Il.* 20,403 ‖ **15–16** καὶ … θύραζε] cf. Hom., *Il.* 12,27–8 (χεῦε θύραζε] κύμασι πέμπε)

1 καὶ ἐπεὶ] ἐπεὶ δὲ C ‖ **1–2** καὶ … λέγουσιν del. Lang ‖ **2** λέγεται *b* | ἤδη καὶ G ‖ **2–3** κυανοχαίτην αὐτὸν εἰρήκασι (εἴρηκαν C) … εἰσάγουσιν *σ*C ‖ **5** ὡσὰν Ξ: ὡσανεὶ *ω* | αὐτῶν om. *b* ‖ **9** Ἀσφαλίῳ Ποσειδῶνι *π*Q: ἀσφαλάκους C: ἀσφαλείῳ Os. ‖ **10** ὡσὰν Ξ: ὡσανεὶ *ω* | τοῦ] τὰ Q | μὴ ἑστάναι N[3] mg. **11** καὶ … δέοντος om. C: del. Lang | αὐτοῦ[1]] αὐτῷ *τ* ‖ **11–12** τρίαινα … ἐστι] φέρει δὲ τρίαιναν C ‖ **11** αὐτοῦ[2] om. Q ‖ **12** φόρημά Ξ: φόρημόν *ω* | αὐτῇ χρῶνται C ‖ **14** ὄντος ὡς εἴρηται] εἴρηται γὰρ οὕτως C ‖ **15** καὶ δ' αὐτὸς codd. (ante καὶ interp.): αὐτὸς δ' Hom. | ἐνοσίγαιος codd. (ἐννο- M[2]) | χείρεσι G*φ* (-εσσι *κ*) ‖ **16** θεμέλια *φ*: θεμέθλια Os. ‖ **17** ἔχεται δέ τινος C: δέχεται (ἐνδέ- *μ*) δέ τινος *κ* ‖ **17–37,3** ἔχεταί … βλαπτικήν del. Lang ‖ **17** αὐτή τε Ξ: αἰτητέον *ω* ‖ **17–37,1** αὐτή … αἰτίαν] οἶμαι δ' ἀπὸ τοῦ τρίτωνος. ἔνθεν καὶ (om. *κ*) ἀμφιτρίτη. ὁ δὲ τρίτων εἴτ' οὖν ἀπὸ τῆς ῥύσεως οὕτως ὠνόμασται, πλεονάσαντος τοῦ τ στοιχείου· εἴτε ἀπὸ τοῦ τρεῖν τὸ τρέμειν κατὰ ἀντίφρασιν C ‖ **18** ἐν αὐτῇ Ξ: om. *ω* ‖ **19** εἴτε] εἴ τι *ρτ* αἰτίαν. ὁ δὲ Τρίτων δίμορφος ὢν τὸ μὲν ἔχει μέρος ἀνθρώπου, τὸ δὲ κήτους, ἐπειδὴ καὶ τὸ εἰρημένον ὑγρὸν τὴν μὲν ὠφελητικὴν ἔχει δύναμιν, τὴν δὲ βλαπτικήν. καλεῖται δ' εὐρύστερνος ὁ Ποσειδῶν διὰ τὸ πλάτος τοῦ πελάγους, ὡς εἴρηται καὶ

ἐπ' εὐρέα νῶτα θαλάσσης.

λέγεται δὲ ἐκ τούτου καὶ εὐρυμέδων καὶ εὐρυβίας, ἵππιος δὲ τάχα ἀπὸ τοῦ ταχεῖαν τὴν διὰ θαλάσσης | φορὰν εἶναι καθάπερ ἵπποις 44
ἡμῶν ταῖς ναυσὶ χρωμένων, ἐντεῦθεν ἤδη καὶ ἐπίσκοπον αὐτὸν εἶναι τῶν ἵππων παραδεξαμένων τῶν μετὰ ταῦτα. λέγεται δὲ παρά τισι καὶ νυμφαγέτης καὶ κρηνοῦχος διὰ τὰς προειρημένας αἰτίας· νύμφαι γάρ εἰσιν αἱ τῶν ποτίμων ὑδάτων πηγαί. ἀπὸ τοῦ ἀεὶ νέαι φαίνεσθαι ἢ ἀπὸ τοῦ φαίνειν οὕτως ὠνομασμέναι. τὰς δὲ γαμουμένας νύμφας καλοῦσιν ἀπὸ τοῦ νῦν πρώτως φαίνεσθαι κρυπτομένας τέως. τοῦ δ' αὐτοῦ λόγου ἔχεται καὶ τὸ Ποσειδῶνος υἱὸν εἶναι τὸν Πήγασον, ἀπὸ τῶν πηγῶν ὠνομασμένον. διὰ δὲ τὴν θεωρουμένην βίαν περὶ τὴν θάλασσαν καὶ πάντας τοὺς βιαίους καὶ μεγαλεπιβούλους γενομένους, ὡς τοὺς Κύκλωπας καὶ τοὺς Λαιστρυγόνας καὶ τοὺς Ἀλωάδας, Ποσειδῶνος ἐμύθευσαν ἐκγόνους γενέσθαι.

[23] Ὁ δὲ Νηρεὺς ἡ θάλασσά ἐστι, τοῦτον ὠνομασμένη τὸν τρόπον ἀπὸ τοῦ νεῖσθαι δι' αὐτῆς. καλοῦσι δὲ τὸν Νηρέα καὶ ἅλιον γέροντα διὰ τὸ ὥσπερ πολιὰν ἐπανθεῖν τοῖς κύμασι τὸν ἀφρόν· καὶ γὰρ ἡ Λευκοθέα τοιοῦτόν τι ἐμφαίνει, ἥτις λέγεται θυγάτηρ Νηρέως εἶναι, δηλονότι τὸ λευκὸν τοῦ ἀφροῦ.

5 ἐπ' … θαλάσσης] Hom., *Il.* 2,159 etc.; *Od.* 3,142 etc.

1 ὁ … ὢν] δίμορφος δὲ ὁ Τρίτων καὶ C ‖ **2–3** ἔχει post ὠφελητικὴν V^{2}: ἔχει post βλαπτικὴν *σ*C: ἔχει om. cett. ‖ **4** τοῦ πελάγους] τῆς θαλάσσης C ‖ **6** ἐκ Ξ: κἀκ *ω* (κατὰ *κ*) | εὐρυβόας *φ* | ἵππος *b*: ἵππειος *φ* (ἵππιος *κ*) ‖ **7** θαλάττης Lang | φορὰν] ὁδὸν C ‖ **11** ποταμίων *τ* ‖ **11–12** ἀπὸ … ὠνομασμέναι] ἀπὸ τοῦ κατὰ τὸ νέον, ἤτοι κατὰ τὸ ἔαρ φαίνειν Vill. ‖ **12** φαίνειν] νοτίδα vel νότιον antea Schmidt: νᾶμα antea Luc. ‖ **12–14** τὰς … τέως del. Lang ‖ **15** ἀπὸ δὲ Z*ρ* ‖ **16** περὶ] παρὰ *δ* | θάλατταν Lang ‖ **17** μεγαλεπιβόλους *κ* (-βού- *μ*) Toup. Str. | τοὺς Κύκλωπας Ξ: τὸν Κύκλωπα *ω* ‖ **18** Ἀλωάδας (ἀλω-) PM (cf. Apd. 1,7,4): ἀλωάδας Ξ: ἀλωΐδας *ω* (ἀλωΐδας *κ*: ἀλαΐδας G): Ἀλωείδας Os. ad loc. Ποσειδῶνα *ρ* ‖ **19** γενέσθαι Ξ: εἶναι *ω* ‖ **20** θάλαττά Lang | ὠνομασμένος Os. **21** αὑτῆς Stud. ‖ **22** πολιὰν Ξ: πολιὸν *ω*

[24] Πιθανὸν δὲ καὶ τὴν Ἀφροδίτην μὴ δι' ἄλλο τι παραδεδόσθαι γεγονυῖαν ἐν τῇ θαλάσσῃ ἢ ἐπειδὴ πρὸς τὸ πάντα γενέσθαι
45 κινήσεως δεῖ καὶ ὑγρα|σίας, ἅπερ ἀμφότερα δαψιλῆ κατὰ τὴν θάλαττάν ἐστιν. ἐστοχάσαντο δὲ τοῦ αὐτοῦ καὶ οἱ Διώνης αὐτὴν θυγατέρα εἰπόντες εἶναι· διερὸν γὰρ τὸ ὑγρόν ἐστιν. Ἀφροδίτη δέ ἐστιν ἡ συνάγουσα τὸ ἄρρεν καὶ τὸ θῆλυ δύναμις, τάχα διὰ τὸ ἀφρώδη τὰ σπέρματα τῶν ζῴων εἶναι ταύτην ἐσχηκυῖα τὴν ὀνομασίαν ἤ, ὡς Εὐριπίδης ὑπονοεῖ, διὰ τὸ τοὺς ἡττωμένους αὐτῆς ἄφρονας εἶναι. καλλίστη δὲ παράγεται διὰ τὸ μάλιστα ἀρηρεκέναι τοῖς ἀνθρώποις τὴν κατὰ συμπλοκὴν ἡδονὴν ὡς πάντων τῶν ἄλλων διαφέρουσαν. λέγεται δὲ καὶ φιλομειδὴς διὰ τοῦτο· οἰκεῖα γὰρ τὰ μειδιάματα καὶ ἡ ἱλαρότης τῶν τοιούτων συνόδων ἐστί. παρέδρους δὲ καὶ συμβώμους τὰς Χάριτας ἔχει καὶ τὴν Πειθὼ καὶ τὸν Ἑρμῆν διὰ τὸ πειθοῖ προσάγεσθαι καὶ λόγῳ καὶ χάρισι τοὺς ἐρωμένους ἢ διὰ τὸ περὶ τὰς συνουσίας ἀγωγόν. Κυθέρεια δ' εἴρηται διὰ τὰς ἐκ τῶν μίξεων γινομένας κυήσεις ἢ διὰ τὸ κεύθεσθαι τὰ πολλὰ τὰς τῶν ἀφροδισίων ἐπιθυμίας. ἐκ τούτου δ' ἤδη καὶ ἱερὰ τῆς Ἀφροδίτης ἡ τῶν Κυθήρων νῆσος εἶναι δοκεῖ, τάχα δὲ καὶ ἡ Κύπρος, συνᾴδουσά πως τῇ κρύψει κατὰ τοὔνομα. ἡ δὲ Πάφος ἴδιον αὐτῆς οἰκητήριόν ἐστι, Παφίας λεγομένης, τάχα κατ' ἔλλειψιν ἀπὸ τοῦ ἀπαφίσκειν, ὅ ἐστιν ἀπατᾶν· ἔχει γὰρ κατὰ μὲν τὸν Ἡσίοδον

μειδήματά τ' ἐξαπατάς τε,

κατὰ δὲ τὸν Ὅμηρον

46 πάρφασιν, ἥ τ' ἔκλεψε νόον πύκα περ φρονεόντων.

ὁ δὲ κεστὸς ἱμὰς ὡς οἷον κεκασμένος ἐστὶν ἢ διακεκεντημένος καὶ

8–9 ὡς … εἶναι] cf. Eur., *Tr.* 989 ‖ **23** μειδήματά … τε] Hes., *Th.* 205
25 πάρφασιν … φρονεόντων] Hom., *Il.* 14,217 (πάρφασιν] πάρφασις Hom.)

2 θαλάττῃ Lang | τὸ] τὸ τὰ *π*: τὴν τοῦ LZ*φ* | γενέσθαι αἰτίαν C ‖ **4** θάλασσαν C | τοῦ αὐτοῦ] τοῦ Q: τοῦτο C | Δίωνος Z*φ* ‖ **5** Ἀφροδίτης Z*ρθ*R ‖ **6** συνάγουσα Ξ: ἐνάγουσα *ω* ‖ **8** ἡττομένους L: ἡττημένους V¹*δ* ‖ **10** ἀρηρεκέναι V²: ἀρηροκέναι *λ*Z*φ* (ἀνηροκέναι *κ*): ἀραρηκέναι *π* ‖ **11** καὶ Ξ: om. *ω* ‖ **13** δὲ] τε *φ* συμβάμους L: συνέδρους Ald | ἔχειν V² ‖ **19–20** κατὰ τοὔνομα τῇ κρύψει L*δ* **22** ἔχει … μὲν] μὲν post ἔχει *b* ‖ **24** τὸν om. G ‖ **25** ἔκλεψε νόον] ἔκλεψεν ο [sic] *φ* ‖ **26** ἱμὰς om. G | ὡς] ὃς *θ*: del. Lang | ἢ ὁ *λφ* | διακεντημένος *κ*

ποικίλος, δύναμιν ἔχων τοῦ συνδεῖν καὶ συσφίγγειν. καλεῖται δ' οὐρανία τε καὶ πάνδημος καὶ ποντία διὰ τὸ καὶ ἐν οὐρανῷ καὶ ἐν γῇ καὶ ἐν θαλάττῃ τὴν δύναμιν αὐτῆς θεωρεῖσθαι. ἀκύρους δὲ καὶ οὐκ ἐμποινίμους τοὺς ἀφροδισίους ὅρκους ἔφασαν εἶναι, παρ' ὅσον κἂν ᾖ ῥαδία παρασχεθῆναι μεθ' ὅρκων ἐπάγεσθαι συμβέβηκε τοὺς πειρῶντας ἃς ἂν πειρῶσι. περιστερᾷ δὲ τῶν ὀρνέων χαίρει μάλιστα τῷ καθάρειον εἶναι τὸ ζῷον καὶ φιλοφρονητικὸν διὰ τῶν ὡσανεὶ φιλημάτων, ἀνάπαλιν δ' ὗς διὰ τὴν ἀκαθαρσίαν ἀλλοτρία αὐτῆς εἶναι δοκεῖ. τῶν γε μὴν φυτῶν ἡ μὲν μυρσίνη διὰ τὴν εὐωδίαν Ἀφροδίτης εἶναι διείληπται, ἡ δὲ φιλύρα διά τε τοὔνομα, ὅτι τῷ φιλεῖν παρακειμένως ἐξενήνεκται, καὶ ἐπεὶ πρὸς τὰς τῶν στεφάνων πλοκὰς εἰώθασιν αὐτῇ μάλιστα χρῆσθαι. τὴν δὲ πύξον φυλάττονται τῇ θεῷ προσφέρειν ἀφοσιούμενοί | πως ἐπ' αὐτῆς τὴν 47
πυγήν.

[25] Οὐδὲν δὲ παράδοξον εἰ τοιαύτῃ οὔσῃ αὐτῇ συντιμᾶται καὶ συμπάρεστιν ὁ Ἔρως, τῶν πλείστων καὶ Ἀφροδίτης υἱὸν αὐτὸν παραδεδωκότων, ὃς δὴ παῖς μέν ἐστι διὰ τὸ ἀτελῆ τὴν γνώμην καὶ εὐεξαπάτητον ἔχειν τοὺς ἐρῶντας, πτερωτὸς δέ, ὅτι κουφόνους ποιεῖ ἢ ὅτι ὡς ὄρνις ἀεὶ προσίπτaται ταῖς διανοίαις ἀθρόως, τοξότης δ', ἐπεὶ πληγῇ τινι ὅμοιον ἀπὸ τῆς προσόψεως οἱ ἁλισκόμενοι αὐτῷ πάσχουσιν, οὔτε πλησιάσαντες οὔθ' ἁψάμενοι τῶν καλῶν, ἀλλὰ μακρόθεν αὐτοὺς ἰδόντες· ἀποδίδοται δὲ καὶ λαμπὰς

1 ποικίλος *Ξ*: ποικίλων *ω* | δεῖν *μ* | δὲ *φ* ‖ **2** καὶ[3] om. *φ* ‖ **3** τῇ γῇ *κ* | θαλάσσῃ *λb* | δύναμιν] δύσιν L*φ* ‖ **3–6** ἀκύρους … πειρῶσι del. Lang ‖ **3** καὶ[2] *Ξ*: om. *ω* **4** τοὺς … ἔφασαν] ἔφασαν ante τοὺς L*δ* ‖ **5** κἂν μὴ *σ* ‖ **6** ἃς ἂν πειρῶσι Lang: οἷς ἂν πειρῶσι *λb*: οἷς ἂν πειρῶνται *φ* (om. *κ*) Salm. | χαίρειν BR ‖ **7** τὸ καθαρὸν *φ* | ζῷον] τὸ ὄρνεον V[2] ‖ **8** ἡ ὗς B ‖ **9** τὴν μὲν μυρσίνην *b* ‖ **10** φιλύρα *Ξ*: φίλυτρα *ω* (φίλητρα *π* [φυληδένδροντρα G, i. e. φυλη|δένδρον|τρα: φίλυρα N[4]]: φιλύτρια *κ*) ‖ **11** ὅτι … ἐξενήνεκται del. Lang | τῷ *Ξ*: τὸ *ω* | περικειμένως L | ἐξενήνεγκται Z*ρ* | τῶν *Ξ*: om. *ω* ‖ **12** μάλιστα χρῆσθαι *Ξ*: μᾶλλον κεχρῆσθαι *ω* (κεχρῆσθαι μᾶλλον C) | τὸν δὲ πύξον *σκ*: τὸν δὲ πῆξον LZ*ρφ* **13** τῇ θεῷ *Ξμ*: θεῷ *ω* (θῶ Z: θῷ *ρ*) | ἀφοσιούμενον *ρτ*: *religiose observantes* N[3] mg.: *repudiantes* N[4] inter l. (*religiose observantes* del.) | ἐπ' αὐτοῖς *δ*: ἀπ' αὐτῆς Schm. ‖ **14** πυγήν Claus.: πυγμήν codd. (*pugnum* N[3] inter l.: *pugnum* mut. in *pugnam* N[4]) ‖ **15** συντιμᾶται αὐτῇ C ‖ **16** συμπάρεστιν] συμπαραγίνεται *φ* **18** ἐρωτῶντας G | δέ] δ' V*δ* | κουφόνους] καὶ φόνους *φ* ‖ **19** ἀεὶ] ἂν LZQ: om. *π*C ‖ **21** αὐτῇ Z*ρ*Q: αὐτοὶ V[1]L*σ* ‖ **22** ἀποδίδοται Lang: ἀναδίδοται codd. (-εται *ρ*) ‖ **22–40,1** ἀποδίδοται … ψυχάς del. Lang ‖ **22** καὶ om. C αὐτῷ, πυροῦν δοκοῦντι τὰς ψυχάς. Ἔρωτα δ’ αὐτὸν εἰρῆσθαι πιθανὸν ἀπὸ τῆς ἐπιζητήσεως τῶν ἐρωμένων· τάττεται γὰρ ἐπὶ τοῦ ζητεῖν τὸ ἐρεῖν, ὡς εἴρηται τὸ

Ἴφιτος αὖθ’ ἵππους ἐρέων,

ἐντεῦθεν, οἶμαι, καὶ τῆς ἐρεύνης ὠνομασμένης. καὶ πλείους δὲ Ἔρωτες παραδίδονται διὰ τὴν πολυτροπίαν τῶν ἐρώντων καὶ τὸ πολλοῖς τοιούτοις ὀπαδοῖς κεχορηγῆσθαι τὴν Ἀφροδίτην. καλεῖται δὲ καὶ Ἵμερος εἴτουν παρὰ τὸ ἵεσθαι καὶ φέρεσθαι ἐπὶ τὴν ἀπόλαυσιν τῶν ὡραίων ὠνομασμένος εἴτε κατὰ μίμησιν τῆς περὶ
48 τὴν διάνοιαν ἐκστάσεως ὡς μεμωρῶσθαι περὶ | ταύτην· Πόθος δ’ ἀπὸ τῆς τῶν φιλημάτων μιμήσεως, ὅθεν ἔσχε τὴν κλῆσιν καὶ ὁ πάππας, ἢ ἀπὸ τοῦ πολλὰ πυνθάνεσθαι περὶ τῶν ἐρωμένων τοὺς ἐρῶντας καὶ αὐτῶν ἐκείνων, πόθεν ἔρχονται καὶ ποῦ ἦσαν. Ἔνιοι δὲ καὶ τὸν ὅλον κόσμον νομίζουσιν Ἔρωτα εἶναι, καλόν τε καὶ ἐπαφρόδιτον καὶ νεαρὸν ὄντα καὶ πρεσβύτατον ἅμα πάντων καὶ πολλῷ κεχρημένον πυρὶ καὶ ταχεῖαν ὥσπερ ἀπὸ τοξείας ἢ διὰ πτερῶν τὴν κίνησιν ποιούμενον.

[26] Τοῦτον δ’ ἄλλως εἶναι καὶ τὸν Ἄτλαντα, ἀταλαιπώρως ἀποδιδόντα τὰ κατὰ τοὺς ἐμπεριεχομένους ἐν αὐτῷ λόγους γινόμενα καὶ οὕτω καὶ τὸν οὐρανὸν βαστάζοντα, ἔχειν δὲ κίονας μακρὰς τὰς τῶν στοιχείων δυνάμεις, καθ’ ἃς τὰ μὲν ἀνωφερῆ ἐστι, τὰ δὲ κατωφερῆ· ὑπὸ τούτων γὰρ διακρατεῖσθαι τὸν οὐρανὸν καὶ

4 Ἴφιτος … ἐρέων] Hom., *Od.* 21,22 (ἐρέων] διζήμενος Hom. [cf. *Od.* 21,31])

1 αὐτῷ] αὐτοῖς V[1]LZ*ρ*Q | πυροῦν δοκοῦντι] πυροῦντι T ‖ **4** Ἴφιτος αὖθ’] ἴφι ταῦθ’ Q: ἴθι ταῦθ’ C: ἴθι αὐτοῦ θ’ *κ* ‖ **6** ἐρώ[ν]των V: ἐρώτων Z*ρτφ* ‖ **6–7** καὶ … Ἀφροδίτην del. Lang ‖ **6** τὸ] τῷ L*b*Q ‖ **7** ὀπαδοῖς V[2]*κ* (ὀπ-): ὀπαδὸν cett. (ὀπ-σQ) | κεχορηγεῖσθαι *φ* ‖ **7–13** καλεῖται … ἦσαν fort. spuria Lang ‖ **8** τὸ om. C | οἴεσθαι LZ ‖ **9** ὠνομασμένους *φ* (-μένων *κ*) ‖ **10** ὡς μεμωρῶσθαι Lang: καὶ μεμωρῆσθαι *λb*Q (-εῖσθαι): ὡσανεὶ μεμωρεῖσθαι C: ὡς ἀναμεμωρεῖσθαι *κ*: ὡς μεμωρῆσθαι Os. ‖ **12** πάππας Lang: παποῦς *θ*: παπᾶς cett. ‖ **13** καὶ[1] … ἦσαν del. Lang | αὐτῶν ἐκείνων] περὶ αὐτῶν ἐκείνους vel περὶ αὐτῶν ἐκείνων τοὺς ἐρωμένους Vill.: αὖ τῶν ἐκείνων Os. ad loc. ‖ **16** τοξείας *Ξ*: τῆς τοξείας *ω* **18** Τοῦτον] τούτου *λ*Z*ρ*Q: τοιοῦτον Os. | τὸν *Ξ*: om. *ω* | καὶ ἀταλαιπώρως *φ* **19** αὐτῷ Os. ‖ **20** καὶ οὕτω καὶ *λ* (κ. οὕτως κ.) *b*Q: καὶ οὕτω C: οὕτω καὶ Os. τὸν οὐρανὸν καὶ τὴν γῆν Os. ‖ **22** τὸν οὐρανὸν καὶ *Ξ*: om. *ω*

τὴν γῆν· ὁλοόφρονα δ' αὐτὸν εἰρῆσθαι διὰ τὸ περὶ τῶν ὅλων
φροντίζειν καὶ προνοεῖσθαι τῆς πάντων αὐτοῦ τῶν μερῶν σωτη-
ρίας. ἐκ δ' αὐτοῦ τὰς Πλειάδας γεγονέναι παρισταμένους ὅτι
πάντα τὰ ἄστρα πλείονα ὄντα ἐγέννησεν, Ἀστραίῳ τε καὶ
Θαύμαντι | ὁ αὐτὸς ὤν· οὔτε γὰρ ἵσταται, τὸ σύνολον ἀνηρέμητος 49
ὑπάρχων, εἰ καὶ ὅτι μάλιστα εὖ βεβηκέναι δοκεῖ καὶ ἀσάλευτος
εἶναι, θαυμασμόν τε τοῖς ἐφεστῶσιν ἐπὶ τὴν διάταξιν αὐτοῦ πολὺν
ἐμποιεῖ.

[27] Τοῦτον εἶναι καὶ τὸν Πᾶνα, ἐπειδὴ τῷ παντὶ ὁ αὐτός ἐστι. καὶ τὰ μὲν κάτω λάσια καὶ τραγώδη διὰ τὴν τῆς γῆς δασύτητα ἔχειν, τὰ δ' ἄνω ἀνθρωπόμορφα διὰ τὸ ἐν τῷ αἰθέρι τὸ ἡγεμονικὸν εἶναι τοῦ κόσμου, ὃ δὴ λογικόν ἐστι. λάγνον δὲ καὶ ὀχευτὴν αὐτὸν παρεισάγεσθαι διὰ τὸ πλῆθος ὧνπερ εἴληφε σπερματικῶν λόγων καὶ τῶν κατὰ σύμμιξιν ἐξ αὐτῶν γινομένων. ἐν ταῖς ἐρήμοις δὲ διατρίβειν μάλιστα τῆς μονότητος αὐτοῦ διὰ τούτου παρισταμένης· εἷς γὰρ καὶ μονογενὴς ὁ κόσμος ἐστί. τὰς δὲ Νύμφας διώκειν, ἐπειδὴ χαίρει ταῖς ἐκ τῆς γῆς ὑγραῖς ἀναθυμιάσεσιν, ὧν χωρὶς οὐδ' οἷόν τ' ἐστὶν αὐτὸν συνεστάναι· τὸ δὲ σκιρτητικὸν αὐτοῦ καὶ παικτικὸν τὴν ἀεὶ κίνησιν τῶν ὅλων ἐμφαίνει. νεβρίδα δὲ ἢ παρδαλῆν αὐτὸν ἐνῆφθαι διὰ τὴν ποικιλίαν τῶν ἄστρων καὶ τῶν

1–3 ὁλοόφρονα … σωτηρίας] cf. Cleanth. *Stoic.*, *SVF* 1,549

1 ὁλοόφρονα LZGQ | τοῦ ὅλου Schm. ‖ **2** αὐτοῦ del. Lang | τῶν om. C **3** παρισταμένους *λ*Z*ρφ* (καὶ π. Q): παριστᾶσιν *σ* (-ῶσιν B): παριστάμενοι Eud.: παρισταμένου Lang ‖ **4** ἀστραίω V^2: ἀστρέῳ *λσφ*: ἀστρεῶ Z*ρ* **5** θαύμαντι N^4: θαύμαντις G (post ἐγέννησεν interp.): ἀθάμαντι cett. | post ὤν lac. Os. | ἀνηρέματος G: ἐν ἠρεμήσει Schm. ‖ **6** εὖ βεβιωκέναι B: διαβεβηκέναι G: ἑστηκέναι Schm. | ἀσάλευτος V^{2}L: ἀπώλευτος V^{1}Z: ἀπόλευτος *π*: ἀπόλατος *φ* ‖ **7** καὶ θαυμασμόν C | τε Ξ: δὲ *ω* | ἐφεστῶσιν B Str.: ἐφεστᾶσιν cett. **9** Τοῦτον] Τοιοῦτον Os. ‖ **10** διὰ τὸ *π* | θρασύτητα *δ* (τραχύτητα *τμ*) **12** λάγνον δὲ] λάγνον Z*ρ*: λέγεται G | ὀχευτὸν L*b* (-ὴν B mg.) C (-ὴν *κ*) **13** παρεισάγουσι *φ* | εἴληφε … λόγων] εἴληφε post λόγων *κ* ‖ **14** ταῖς] τοῖς *ρ*: τῷ τοῖς BR ‖ **15** τὴν μονότητα *μ* ‖ **15–16** παρισταμένους *κ* ‖ **16** ἐπεὶ εἷς Schmidt | διώκειν Ξ: διώκει *ω* ‖ **17** τῆς γῆς ὑγραῖς] γῆς ὑγραῖς LZ*ρτ*: γῆς *θ*: τῶν ὑγρῶν *φ* ‖ **18** οὐδ' οἷόν] οὐδὲν *σ* ‖ **18–19** τ' … κίνησιν Ξ: om. *ω* **19** παικτικὸν M: πηκτικὸν V^{2}P: πηδητικὸν Vill. | ἀεὶ P: αἰεὶ V^{2}M | τὸ ὅλον *κ* ἐκφαίνει *b*: ἐμφαίνειν Schmidt ‖ **20** παρδαλῆν Ξ: πάρδαλιν *ω* (πάρδαλϊν G [ex παρδάλην?; sic Lang]) | ἄστρων] ἄλλων *φ*

50 ἄλλων χρωμάτων ἃ θεω|ρεῖται ἐν αὐτῷ. συρικτὴν δὲ εἶναι τάχα μὲν διὰ τὸ ὑπὸ παντοίων ἀνέμων διαπνεῖσθαι, τάχα δ' ἐπεὶ τὴν ἐμμέλειαν ἀγριοφανῆ καὶ αὐστηρὰν ἀλλ' οὐ πρὸς ἐπίδειξιν ἔχει. τῷ δὲ ἐν τοῖς ὄρεσιν αὐτὸν καὶ τοῖς σπηλαίοις διαιτᾶσθαι καὶ τὸ τῆς πίτυος στέμμα ἐπηκολούθησεν, ὄρειόν τι καὶ μεγαλοπρεπὲς ἔχοντος τοῦ φυτοῦ, ἔτι δὲ τὸ Πανικὰς λέγεσθαι ταραχὰς τὰς αἰφνιδίους καὶ ἀλόγους· οὕτω γάρ πως καὶ αἱ ἀγέλαι καὶ τὰ αἰπόλια πτοεῖται ψόφου τινὸς ἐξ ὕλης ἢ τῶν ὑπάντρων καὶ φαραγγωδῶν τόπων ἀκούσαντα. οἰκείως δὲ καὶ τῶν ἀγελαίων θρεμμάτων αὐτὸν ἐπίσκοπον ἐποιήσαντο, τάχα μὲν διὰ τοῦτο καὶ κεράστην αὐτὸν καὶ δίχηλον πλάττοντες, τάχα δὲ τὸ διττὸν τῶν ἐξεχόντων ἐν αὐτῷ ὤτων αἰνιττόμενοι.

Ἴσως δ' ἂν οὗτος καὶ ὁ Πρίαπος εἴη, καθ' ὃν πρόεισιν εἰς φῶς πάντα, τῶν ἀρχαίων δεισιδαιμόνως καὶ ἁδρῶς διὰ τούτων ἃ ἐφρόνουν περὶ τῆς τοῦ κόσμου φύσεως παριστάντων. ἐμφαίνει γοῦν τὸ μέγεθος τῶν αἰδοίων τὴν πλεονάζουσαν ἐν τῷ θεῷ σπερματικὴν δύναμιν, ἡ δ' ἐν τοῖς κόλποις αὐτοῦ παγκαρπία τὴν δαψίλειαν τῶν ἐν ταῖς οἰκείαις ὥραις ἐντὸς τοῦ κόλπου φυομένων καὶ ἀναδεικνυμένων καρπῶν. παρεισάγεται δὲ καὶ αὐτὸς φύλαξ
51 τῶν τε κήπων καὶ τῶν ἀμ|πέλων, ἐπειδὴ κατὰ τὸν γεννῶντά ἐστι καὶ τὸ σῴζειν ἃ γεννᾷ καὶ τοῦ Διὸς ἐντεῦθεν σωτῆρος εἶναι λεγομένου, καὶ τὸ μὲν πολυφόρον καὶ καθαρὸν αἱ ἄμπελοι παριστᾶσι, μάλιστα δὲ τὸ ποικίλον καὶ ἐπιτερπὲς καὶ ῥαδίαν τὴν γένεσιν ποιούμενον οἱ κῆποι, τοιαύτην ὡς ἐπίπαν αὐτοῦ καὶ τὴν ἐσθῆτα ἔχοντος. δρέπανον δὲ ἐν τῇ δεξιᾷ χειρὶ προτείνει πότερον

1 θεωρεῖται ἐν αὐτῷ V^{2}σC: θεωρεῖ τοὺς ἐν αὐτῇ cett.: θεωρεῖται ἐν οὐρανῷ Str. **2** διὰ om. *π* ‖ **3** ἐκμέλειαν *φ* | ἔνδειξιν *μ* | ἔχει V^2*π*: ἔχειν cett. ‖ **4** τῷ] τὸ *λ*Z*ρφ* διαιτεῖσθαι Z*ρθ*R: διαιτῆσθαι G ‖ **6** ἔτι τε Z*ρθ*R: ἔστι τε *κ* ‖ **7** οὕτως *λ* **8** ὑπάντρων] πετρώων G ‖ **9** τόπων] τούτων V^{1}L ‖ **11** πράττοντες *κ* | ἐν Ξ: om. *ω* ‖ **13** οὗτος] ὄντως Q | πρόσεισιν Q ‖ **14** δυσιδαιμόνως *b* (δισι- *θ*: δεισι- G^2): δ' εἰσὶ δαιμόνων K*μ*: δεισιδαιμόνων Chec. | ἁδρὸς G: ἁδροὶ Eud.: ἁδρὸν Chec. διὰ τούτων *λ* (διὰ ^{ττ} L): διὰ τὸ τὸν Q: αὐτὸν δι' C: διαπετὴς *b*: διὰ τοιούτων Schm. ‖ **16** τὴν … θεῷ om. *b* | θεῷ V^2: αἰδοίῳ *λφ* ‖ **18** κόλπου] κόσμου Luc. **21–22** καὶ^2 … λεγομένου del. Lang ‖ **21** τοῦ] αὐτοῦ Os. ad loc. **21–22** σωτὴρ εἶναι λέγεται Vos. ‖ **22** πολυφόρον Luc.: πολύφορον codd. (πολύφωνον *κ*) | αἱ] καὶ *ρτ* ‖ **23** παριστῶσι *φ* ‖ **24** ποιούμενοι B: ποιουμένην Schm. | κῆποι παριστᾶσι *σ* | ἐπίπαν] ἐπὶ πολὺ B | αὐτῶν *λ* (αὐτοῦ V^2) Z*ρ*Q **25** πρότερον Q

ἐπεὶ τούτῳ χρῶνται πρὸς τὴν διακάθαρσιν τῶν ἀμπέλων ἢ ἐπεὶ κατὰ τὸν τηροῦντά τί ἐστι καὶ καθωπλίσθαι πρὸς ἀσφάλειαν αὐτοῦ ἢ ὡς τῆς αὐτῆς δυνάμεως μετὰ τὸ ἐνεγκεῖν τὰ ὄντα ἐκτεμνούσης αὐτὰ καὶ φθειρούσης. Ἀγαθὸς δὲ Δαίμων ἤτοι πάλιν ὁ κόσμος ἐστὶ βρίθων καὶ αὐτὸς τοῖς καρποῖς ἢ ὁ προεστὼς αὐτοῦ λόγος, καθ' ὅσον δατεῖται καὶ διαμερίζει τὸ ἐπιβάλλον ἀγαθὸς διαιρέτης ὑπάρχων. προστάτης δὲ καὶ σωτὴρ τῶν οἰκείων ἐστὶ τῷ σώζειν καλῶς τὸν ἴδιον οἶκον καὶ ὑπόδειγμα παρέχειν ἑαυτὸν καὶ τοῖς ἄλλοις. τὸ δὲ τῆς Ἀμαλθείας κέρας οἰκεῖον αὐτῷ φόρημά ἐστιν, ἐν ᾧ ἅμα πάντα ἀλδήσκει τὰ κατὰ τοὺς οἰκείους καιροὺς φυόμενα, ἀλλ' οὐ περὶ ἕν τι αὐτῷ γινόμενα, περὶ πολλὰ δὲ ἀθρόως καὶ ποικίλα, ἐπεὶ ἐμπεριόδως ἅμα ἀλδαίνει | καὶ πάλιν κεραίζει 52
πάντα· ἢ διὰ τὴν γινομένην ἐξ αὐτοῦ πρὸς τὸ πονεῖν προτροπὴν ὡς τῶν ἀγαθῶν τοῖς μὴ μαλακιζομένοις προσγινομένων.

[28] Ἑξῆς δὲ περὶ Δήμητρος καὶ Ἑστίας, ὦ παῖ, λεκτέον· ἑκατέρα δ' ἔοικεν οὐχ ἑτέρα τῆς γῆς εἶναι. ταύτην μὲν γὰρ διὰ τὸ ἑστάναι διὰ παντὸς Ἑστίαν προσηγόρευσαν οἱ παλαιοὶ ἢ διὰ τὸ ταύτην ὑπὸ τῆς φύσεως ἐσωτάτω τεθεῖσθαι ἢ διὰ τὸ ἐπ' αὐτῆς ὡσανεὶ ἐπὶ θεμελίου τὸν ὅλον ἑστάναι κόσμον, διὰ δὲ τὸ μητρὸς τρόπον φύειν τε καὶ τρέφειν πάντα Δήμητραν οἱονεὶ γῆν μητέρα οὖσαν ἢ Δηὼ μητέρα τῷ καὶ αὐτὴν καὶ τὰ ἐπ' αὐτῆς ἀφθόνως ἐφεῖσθαι τοῖς ἀνθρώποις δαιτεῖσθαι καὶ δαίνυσθαι ἢ ἐπ' αὐτῆς

1 διακάθαρσιν Ξ: κάθαρσιν *ω* ‖ **2** καθωπλίσθαι V^2*σ*: καθώπλισται *λ*Z*ρφ* ‖ **3** τῆς αὐτῆς Ξ: τῆς τοιαύτης *ω* ‖ **4** διαφθειρούσης *κ* ‖ **6** δατεῖται Ξ: δεῖται *ω* (δεῖ τε B^{2}N^{3}R) ‖ **7** ὑπάρχει *σ* | προστάτης] προφήτης *φ* (τεχνίτης *κ*) | τῷ] τὸ *φ* **8** παρέχει *θ*R ‖ **9** φόρημά Ξ: φρόνημά *ω* ‖ **11** ἀλλ' οὐ περὶ ἕν τι] καὶ ἀλ[..]περι[..] G | αὐτῷ] αὐτῶν L: αὐτὸν C | γινόμενον *λ* (-α V^2) Z*ρφ* **12** ποικίλα ἐπεὶ Schmidt (comma post ποικίλα Most): ποικίλλει ἐπεὶ V^2: ποικίλλει *λ*Z*ρ*Q: ποικίλλει καὶ *σ* Os.: ποικίλα C: ποικιλία *κ*: ποικίλα, ἢ ἐπεὶ Lang: ποικίλλει πάλιν ἐπεὶ Schm. | ἅμα ἀλδαίνει Schmidt: ἀμαλδύνει V^2*δ*: ἀμαλδύνεται *λ* | καὶ πάλιν Lang (sive πάλιν καὶ): ἢ πάλιν codd.: ἢ Schm. φθείρει κεραίζει G ‖ **13** ἢ om. C ‖ **14** τοῖς codd.: om. Lang ‖ **15** περὶ τῆς Os. **17** παντὸς Ξ: πάντων *ω* ‖ **17–19** ἢ … κόσμον del. Lang ‖ **18** ταύτην] αὐτὴν Schmidt | ταύτην … τὸ om. *κ* | ἐσωτάτω V^2: μεσώτατα *τ* (μεσάτατα Scri): ἐσώτατα cett. (*intimam* N^3 supra): μεσαιτάτω vel ἐν μεσαιτάτῳ Os. ad loc. **20** Δήμητρα V^2 | γῆς C | μητέρα] μήτραν LC ‖ **21** καὶ^2 om. *κ* | αὐτῆς] αὐτοῖς Q*κ* ‖ **22** ἐφίεσθαι Schm. | δαιτεῖσθαι *ω* (διαιτεῖσθαι B): δατεῖσθαι M (ex δαιτ-) Lang | δαίνυσθαι codd. (δάννυ- G: τρώγεσθαι super δαίνυσθαι R) | ἢ τῷ Schm. ‖ **22–44,1** ἢ … ἐπιζητοῦσι del. Lang

δήειν, ὅ ἐστιν εὑρίσκειν, ἃ μάλιστα ἐπιζητοῦσι. παρεισάγεταί τε ἡ μὲν Ἑστία παρθένος διὰ τὸ τὴν ἀκινησίαν μηδενὸς εἶναι γεννητικήν – καὶ τούτου χάριν καὶ ὑπὸ παρθένων νεωκορεῖται – , ἡ δὲ Δημήτηρ οὐκέτι, ἀλλὰ τὴν Κόρην τετοκυῖα οἷον τὴν Κόρον, τὴν
53 πρὸς τὸ τρέφεσθαι | μέχρι κόρου ὕλην. τὸ δ' ἀείζωον πῦρ ἀποδέδοται τῇ Ἑστίᾳ διὰ τὸ καὶ αὐτὸ δοκεῖν εἶναι ὄν, τάχα δ' ἐπεὶ τὰ πυρὰ τὰ ἐν κόσμῳ πάντα ἐντεῦθεν τρέφεται καὶ διὰ ταύτην ὑφέστηκεν ἢ ἐπεὶ ζείδωρός ἐστι καὶ ζῴων μήτηρ, οἷς αἴτιον τοῦ ζῆν τὸ πυρῶδές ἐστι. στρογγύλη δὲ πλάττεται καὶ κατὰ μέσους ἱδρύεται τοὺς οἴκους διὰ τὸ καὶ τὴν γῆν τοιαύτην εἶναι καὶ οὕτως ἱδρύεσθαι συμπεπιλημένην, ὅθεν κατὰ μίμησιν γῆ τε καὶ χθὼν προσηγόρευται. τάχα δὲ ἡ χθὼν ἀπὸ τοῦ χεῖσθαι ἤτοι χωρεῖν πάντα οὕτως ἐκλήθη, ὡς εἴρηται τὸ

οὐδὸς δ' ἀμφοτέρους ὅδε χείσεται.

μυθεύεται δὲ πρώτη τε καὶ ἐσχάτη γενέσθαι τῷ εἰς ταύτην ἀναλύεσθαι τὰ ἀπ' αὐτῆς γινόμενα καὶ ἐξ αὐτῆς συνίστασθαι, καθὸ κἀν ταῖς θυσίαις οἱ Ἕλληνες ἀπὸ πρώτης τε αὐτῆς ἤρχοντο καὶ εἰς ἐσχάτην αὐτὴν κατέπαυον. στέμματα δ' αὐτῇ λευκὰ περίκεινται τῷ στέφεσθαι καὶ καλύπτεσθαι πανταχόθεν αὐτὴν ὑπὸ τοῦ λευκοτάτου στοιχείου. ἡ μέντοι Δημήτηρ κατὰ τὸ ἀναδοτικὸν τῶν σπερμάτων εἰδοποιουμένη πάνυ οἰκείως εἰσάγεται στάχυσιν ἐστεφανωμένη. τοῦτο γὰρ ἀναγκαιότατον ὧν κεχάρισται τοῖς ἀνθρώποις ἡ ἥμερος τροφή ἐστί. ταύτην δὲ μυθεύεται σπεῖραι διὰ

4–5 τὴν[3] … ὕλην] Sch. Ar., *V.* 1438b Kost. ‖ **14** οὐδὸς … χείσεται] Hom., *Od.* 18,17

1 μάλιστα codd.: om. Lang | τε] δὲ *φ* ‖ **1–2** ἡ μὲν *Ξ*: ἡμῖν *ω* ‖ **2** παρθένος οὖσα Str. ‖ **3** παρθένων V[2]*σ*: παρθένον *λ*Z: παρθέναι *ρ*: παρθένου *φ* ‖ **4** Δημήτηρ … ἀλλὰ] Δημήτηρ μήτηρ οὖσα οὐκέτι παρθένος, ἀλλὰ καὶ Str. | οἷον τὸν Κόρον C Schmidt: οἷον τὴν Κόρην Z: om. *π* ‖ **4–5** τὴν[3] … ὕλην *σ* (cf. Sch. Ar., *V.* 1438b Kost.): ἡ … ὕλη cett.: del. Lang ‖ **5–6** ἀποδίδοται *bκ* ‖ **6** αὐτὸ] αὐτὴν C Schm. | ὄν del. Lang | ὄν τάχα δ'] αὐτὸ καὶ Schm. ‖ **7** τὰ codd.: om. Lang | ἐν τῷ C ‖ **8–9** ἐστι … πυρῶδές om. R ‖ **8** οἷς] ἧς *λφ*: ἣ Str. ‖ **8–9** τοῦ … ἐστι] ἐστι ante τοῦ *φ* ‖ **10** ἵδρυται C | οἴκους] ὤμους *κ*: βωμοὺς Gale ‖ **11** ἱδρῦσθαι Schm. | γῆ τε] ἡ γῆ Schm. ‖ **12–14** τάχα … χείσεται del. Lang ‖ **12** ἡ χθὼν ἀπὸ τοῦ χεῖσθαι (χείεσθαι Schm.) *Ξ* Schm.: ἀπὸ τοῦ χεῖσθαι ἡ γῆ *ω* **13** οὕτως codd.: om. Lang ‖ **15** πρώτη τε *Ξ*: προτέρα *ω* ‖ **16** καὶ … συνίστασθαι del. Luc. ‖ **23** μυθεύονται *ρ*

τῆς οἰκουμένης Τριπτόλεμος ὁ Ἐλευσίνιος ἀναβιβασάσης αὐτὸν | 54
ἐπὶ πτερωτῶν δρακόντων ὄχημα τῆς Δήμητρος. ἔοικε γὰρ πρῶτός τις τῶν παλαιῶν δρακεῖν καὶ συνιέναι θεοῦ τινος ἐπὶ μετεωροτέραν ἐπίνοιαν ἀναβιβάσαντος τὸν μεταχειρισμὸν τῆς κριθῆς, ὃν τρόπον τρίβεται καὶ διακρίνεται διὰ τοῦ εἰς τὸν ἀέρα ἀναρριπτεῖσθαι ἀπὸ τῶν ἀχύρων· [διὸ καὶ κριὸς ἐπιτηδείως ἔχει πρὸς τὴν σποράν·] ἐντεῦθεν δὲ τὴν ὀνομασίαν εἴληφεν, ὁ τρίψας τὰς οὐλάς· οὐλαὶ δὲ λέγονται αἱ κριθαί· Ἐλευσὶν δὲ ὁ τόπος, ὅπου πρώτως εὑρέθησαν. ἐκλήθη καὶ ἡ Δημήτηρ Ἐλευσινία ἀπὸ τῆς αὐτόθι πρῶτον ἐλεύσεως γενομένης τοῖς ἀνθρώποις εἰς ἀνθρώπινον ὄντως βίον. ἁρπάσαι δ' ὁ Ἅιδης τὴν θυγατέρα τῆς Δήμητρος ἐμυθεύθη διὰ τὸν γινόμενον ἐπὶ χρόνον τινα τῶν σπερμάτων κατὰ γῆς ἀφανισμόν. προσεπλάσθη δ' ἡ κατήφεια τῆς θεοῦ καὶ ἡ διὰ τοῦ κόσμου ζήτησις. τοιοῦτον γάρ τι καὶ παρ' Αἰγυπτίοις ὁ ζητούμενος καὶ ἀνευρισκόμενος ὑπὸ τῆς Ἴσιδος Ὄσιρις ἐμφαίνει καὶ παρὰ Φοίνιξιν ὁ ἀνὰ μέρος παρ' ἓξ μῆνας ὑπὲρ γῆν τε καὶ ὑπὸ γῆν γινόμενος Ἄδωνις, ἀπὸ τοῦ ἁδεῖν τοῖς ἀνθρώποις οὕτως ὠνομασμένου τοῦ Δημητριακοῦ καρποῦ. τοῦτον δὲ πλήξας κάπρος ἀνελεῖν λέγεται διὰ τὸ τὰς ὗς δοκεῖν ληιβότειρας εἶναι ἢ τὸν τῆς ὕνεως | ὀδόντα αἰνιττομένων αὐτῶν, ὑφ' οὗ κατὰ γῆς κρύπτεται τὸ 55
σπέρμα· διατετάχθαι δ' ὧδε, παρά τε τῇ Ἀφροδίτῃ τὸν ἴσον χρόνον μένειν τὸν Ἄδωνιν καὶ παρὰ τῇ Περσεφόνῃ, δι' ἣν εἴπομεν

11 ἁρπάσαι … ἐμυθεύθη] cf. Sch. Ar., *V.* 1438b Kost. ‖ **11–12** διὰ … ἀφανισμόν] Sch. Ar. cit.

1 Τριπτόλεμος Ξ: ὁ Τρ. *ω* ‖ **3** δραμεῖν V[1]L*φ* ‖ **4–6** ὃν … ἀχύρων del. Lang **5** τρίβεται … διακρίνεται Lang: τριβομένη … διακρινομένη codd. (κρινομένη … διατριβομένη *κ*) | διὰ … ἀναρριπτεῖσθαι del. Lang ‖ **6** post ἀχύρων lac. Gale | διὸ] ὅθεν L*δ* | διὸ … σποράν del. Lang | κριὸν F: κριθὴ B*τ* ‖ **8** Ἐλευσὶς *φ* πρώτως] πρότερον *κ* ‖ **9** ἐκλήθη om. *φ* ‖ **9–10** ἐκλήθη … βίον del. Lang ‖ **9** δὲ καὶ *π* ‖ **10** ἐλεύσεως] εὑρέσεως *π* | γινομένης *φ* | ἀνθρώπινον] οὐράνιον *κ* | βίον ὄντως C ‖ **11** Δημήτερος *ρ* ‖ **12** γενόμενον *b*Q ‖ **13** τῆς] τοῦ Q*κ* ‖ **14** τοιοῦτο *λb* | τι] τοι L*δ* ‖ **15** ὑπὸ] ἀπὸ G*φ* ‖ **15–16** καὶ … ἀνὰ] ὁ παρὰ ἀνὰ Q: ὅπερ ἀνὰ C ‖ **16** γῆν[2]] γῆς LC ‖ **17** ἁδεῖν A[m]N: ᾀδεῖν L: ἀδεῖν ZTB: ἅδειν VG: ἄδειν *φ* **18** ὠνομασμένου Ξ: ὠνομασμένος *ω* | τοῦ Δημητρειακοῦ καρποῦ *λ*ZC: τὸν Δημητριακὸν καρπὸν *σ* ‖ **18–19** τοῦτον δὲ πλήξας κάπρος ἀνελεῖν Ξ: τοῦτον (τοιοῦτον Q) δὲ ὗς (ὗς δὲ C) πλήξας καὶ (om. C) προσανελεῖν *ω* ‖ **19** δοκεῖν om. *π* ‖ **20** κρύπτει *φ* ‖ **21** διατέτακται *σ* | δὲ Lang αἰτίαν. ἐκάλεσαν δὲ Περσεφόνην τὴν τῆς Δήμητρος θυγατέρα διὰ τὸ ἐπίπονον εἶναι καὶ πόνων οἰστικὴν τὴν ἐργασίαν ἢ τῷ ἐκ πόνων ὑπομονὴν φέρεσθαι. νηστεύουσι δ' εἰς τιμὴν τῆς Δήμητρος ἤτοι γεραίροντες αὐτὴν ἰδίῳ τρόπῳ τινὶ ἀπαρχῆς διὰ τοῦ πρὸς μίαν ἡμέραν ἀπέχεσθαι τῶν δεδομένων αὐτοῖς ὑπ' αὐτῆς ἢ κατ' εὐλάβειαν ἐνδείας προσεληλυθυίας τῆς θεοῦ· ἐπειδὴ δὲ ἔσπειρον, ἀφῄρουν ἀπὸ τῶν ἰδίων χρεῶν, καθὸ παρὰ τὸν τοῦ σπόρου καιρὸν τὴν ἑορτὴν αὐτῆς ἄγουσι. περὶ δὲ τὸ ἔαρ τῇ Χλόῃ Δήμητρι θύουσι μετὰ παιδιᾶς καὶ χαρᾶς, ἰδόντες χλοάζοντα καὶ ἀφθονίας αὐτοῖς ἐλπίδα ὑποδεικνύντα. ἐντεῦθεν δὲ καὶ ὁ Πλοῦτος τῆς Δήμητρος εἶναι υἱὸς ἔδοξεν. καλῶς γὰρ εἴρηται τὸ

56 σίτου καὶ κριθῆς, ὦ νήπιε, πλοῦτος ἄριστος.

καὶ ἐναντίον πώς ἐστι τῷ λιμώττειν τὸ περιουσιάζεσθαι, εἰς ὃ καὶ ἀπιδὼν ὁ Ἡσίοδός φησιν·

Ἐργάζευ, Πέρση, δῖον γένος, ὄφρα σε λιμὸς
ἐχθαίρῃ, φιλέῃ δέ σ' εὐπλόκαμος Δημήτηρ.

12 σίτου … ἄριστος] cf. Sch. 119 Greg., *in Th.* 969 (πυρῶν καὶ κριθῶν, ὦ νήπιε Πλοῦτε) ‖ **15–16** Ἐργάζευ … Δημήτηρ] Hes., *Op.* 299–300 (εὐπλόκαμος] ἐυστέφανος Hes.) ‖ **16** εὐπλόκαμος Δημήτηρ] Hom., *Od.* 5,125

1 Περσεφόνην *μ*: Φερσεφόνην cett. | τὴν τῆς Δήμητρος V^{2}C: τὴν Δήμητρος *λ*: τὴν Δημήτερος *b*: τῆς Δήμητρος Q ‖ **2** τὴν Ξ: om. *ω*: τὴν γῆς Luc. ‖ **3** πόνων] πάντων *φ* | ὑπομονῆς *λ*Z*ρφ* | Δήμητρος V^{2}L*φ*: Δημήτερος V^1*b* ‖ **4** ἤτοι] ἢ C: om. *σ* | γεραίροντες V^{2}C: γέροντες *λ*Z*ρ*Q: οἱ γέροντες *σ* | αὐτῆς *σ* | διὰ τοῦ Schm.: ἢ διὰ τὸ codd. ‖ **4–5** πρὸ μιᾶς ἡμέρας V: πρὸς μιᾶς ἡμέραν L ‖ **5** ἢ del. Schmidt ‖ **6** προσεληλυθυίας τῆς θεοῦ ci. ex V^2 et N^2: παρεισεληλυθότος (προσε- V^2) τοῦ θ. *λ*Z*ρ*Q Lang († ante θ.): παρεισεληλυθότος τῆς θ. *σ*: παρεισεληλυθυίας τῆς θ. N^2: παρὰ τῆς θ. ποτε γενομένης C Os. **6–7** προσεληλυθυίας … χρεῶν] προσεληλυθότος τοῦ σπόρου ἔχειν μηδὲν σπεῖραι, ἀφαιρεῖν ἀπὸ τῶν ἰδίων χρεών Schm. ‖ **6** θεοῦ] μίλτου dub. Stud. | δὲ om. *π* ‖ **7** χρεῶν om. *b*: χρημάτων Os. ad loc. | καθὸ παρὰ] καθὸ περὶ *φ* (κ. καὶ περὶ C: καθ' ὃ καὶ περὶ *κ*) ‖ **8** τὴν … ἄγουσι] τὴν ἑορτὴν post ἄγουσι C: τὴν ἑορτὴν τῆς Χήρας ἄγουσι Schm. | τὴν χλόην C | Δήμητρι V^2: Δημήτηρι *θ*: Δημήτερι cett. ‖ **9** καὶ χαρᾶς del. Schm. | πάντα vel τὸν σπόρον post χλοάζοντα Os. ad loc. ‖ **10** ἐπιδεικνύντα *κ* | Πλούτων *κ* (Πλοῦτος *μ*) Δημήτερος Z*σκ* ‖ **11** εἶναι υἱὸς ἔδοξεν ci. ex V^2 (υἱὸς εἶναι ^{υἱ} ἔδοξεν): υἱὸς ἔδοξεν εἶναι M: υἱὸς εἶναι *λb*: εἶναι υἱὸς *φ* ‖ **14** ὁ om. C | ἔφη *b* ‖ **16** ἐχθαίρῃ] ἐλεαίρει Q | φιλέῃ *θκ*: φιλέει cett.

θύουσι δ' ὗς ἐγκύμονας τῇ Δήμητρι πάνυ οἰκείως, τὸ πολύγονον καὶ εὐσύλληπτον καὶ τελεσφόρον παριστάντες. ἀνατιθέασι δ' αὐτῇ καὶ τὰς μήκωνας κατὰ λόγον· τό τε γὰρ στρογγύλον καὶ περιφερὲς αὐτῶν παρίστησι τὸ σχῆμα τῆς γῆς σφαιροειδοῦς οὔσης, ἥ τε ἀνωμαλία τὰς κοιλότητας καὶ τὰς ἐξοχὰς τῶν ὀρῶν, τὰ δ' ἐντὸς τοῖς ἀντρώδεσι καὶ ὑπονόμοις ἔοικε, σπέρματά τε ἀναρίθμητα γεννῶσιν ὥσπερ ἡ γῆ. διὰ δὲ τὴν ἀφθονίαν τῶν σιτηρῶν ἐπαύσαντο οἱ ἄνθρωποι δυσπόριστον καὶ ἀμφιδήριτον τὴν τροφὴν ἔχοντες, ὥστε καὶ συντιθέμενοί τινα πρὸς ἀλλήλους περὶ τῶν κατὰ τὰ ἠροτριωμένα μέτρων καὶ διανεμόμενοι τὰ γεννώμενα δικαίως ἀρχηγὸν ἔλεγον νόμων καὶ θεσμῶν τὴν Δήμητραν αὐτοῖς γεγονέναι· ἐντεῦθεν θεσμοθέτιν αὐτὴν προσηγόρευσαν οἷον νομοθέτιν οὖσαν, οὐκ ὀρθῶς τινων θεσμὸν ὑπολαβόντων εἰρῆσθαι τὸν καρπὸν ἀπὸ τοῦ αὐτὸν ἀποτίθεσθαι καὶ θησαυρίζεσθαι. μυστήρια δ' ἄγειν ἤρξαντο αὐτῇ φιλοσοφοῦντες, ἅμα τῇ εὑρέσει τῶν πρὸς τὸν βίον χρησίμων καὶ τῇ πανηγύρει χαί|ροντες ὡς 57
μαρτυρίῳ χρώμενοι τοῦ πεπαῦσθαι μαχομένους αὐτοὺς ἀλλήλοις περὶ τῶν ἀναγκαίων μυσιᾶν τε, ὅ ἐστι κεκορῆσθαι· πιθανὸν γὰρ ἐντεῦθεν ὠνομάσθαι τὰ μυστήρια, ὅθεν καὶ μυσία παρά τισιν ἡ Δημήτηρ, ἢ ἀπὸ τοῦ μώσεως δεῖσθαι τὰ δυσξύμβλητόν τι ἔχοντα.

[29] Διὰ δὲ ταύτην τὴν αἰτίαν καὶ ἐκ Θέμιδος ὁ Ζεὺς λέγεται γεννῆσαι τὰς Ὥρας, ὑφ' ὧν τὰ ἀγαθὰ πάντα ἡμῖν ὠρεύεται καὶ φυλάττεται. καλεῖται δ' αὐτῶν ἡ μὲν Εὐνομία ἀπὸ τῆς τοῦ ἐπιβάλλοντος διανεμήσεως, ἡ δὲ Δίκη ἀπὸ τοῦ δίχα χωρίζειν ἀπ' ἀλλήλων τοὺς διαφερομένους, ἡ δὲ Εἰρήνη ἀπὸ τοῦ διὰ λόγου καὶ

21–48,1 ἐκ … ποιεῖν] de Horarum nominibus ac ordine, cf. Hes., *Th.* 901–3

1 Δημήτερι C ‖ **3** τὰς] τοὺς *b* ‖ **6** τοῖς] τόποις Str. ‖ **7** ὥσπερ om. *κ* ‖ **8** οἱ ἄνθρωποι Ξ: om. *ω* ‖ **9** ὥστε] ὅθεν *κ* ‖ **10** τὰ[1] om. *ρ* | ἠροτριωμένα V[2]: ἠλλοτριωμένα *φ*: ἀλλοτριωμένα *λb* ‖ **11** δικαίως V[2]: καὶ δ. *λb*Q: δ. δὲ C **12** ἐντεῦθεν θεσμοθέτιν V[2]: ἐ. οὐ θ. *λ*Q: ἐ. ἐνθεσμοθέτιν *b*: καὶ θ. B[3]C **13** θεσμὸν V[2]*θ*: θεσμῶν *λ*Z*ρτ*: om. *φ* ‖ **14** τὸν … αὐτὸν] ἀπὸ τοῦ τὸν καρπὸν C | θησαυρίζειν C ‖ **15–20** μυστήρια … ἔχοντα del. Lang ‖ **17** ἀλλήλοις om. *φ* ‖ **18** τε ὅ] γὰρ C | τὸ κεκορῆσθαι C: τὸ κορεῖσθαι *κ* ‖ **19–20** ἡ Δημήτηρ] ἡ Δημήτηρ λέγεται *λ*Z: λέγεται *φ* ‖ **20** ἢ … ἔχοντα om. *κ* | τοῦ] τῆς Z*ρ* **21** λέγεται ὁ Ζεὺς P Lang ‖ **22** ἡμῖν V[2] ras.: καθ' ἡμῖν *λ*ZQ: καθ' ὑμῖν *ρ*: καθ' ἡμᾶς (ὑμᾶς BR) *σ*: ἐν ἡμῖν C | ὠρεύεται] ὀρέγεται *κ* ‖ **23** τῆς om. *φ* ‖ **24** τῆς διανεμήσεως C ‖ **25** τοὺς διαφερομένους V[2]C: τοῦ διαφερομένου cett. | δὲ] δ' V*b* οὐ δι' ὅπλων διακρίνεσθαι ποιεῖν· ἐκάλουν γὰρ τὸν λόγον εἰρήνην· ὁ δὲ πόλεμος ἀπὸ τοῦ πολλοὺς ὀλλύναι οὕτως ὠνόμασται ἢ ἀπὸ τοῦ παλάμαις σπεύδειν περιγίνεσθαι τῶν ἐναντίων.

[30] Οἰκείως δ' ἔδοξεν Εἰρήνη κατά τι καὶ ὁ Διόνυσος εἶναι, τῶν ἡμέρων δένδρων ἐπίσκοπος ὢν καὶ δοτὴρ θεὸς [, καὶ διὰ ταῦτα σπονδὰς ποιοῦνται]· δενδροκοποῦνται γὰρ αἱ χῶραι τοῖς πολέμοις· ἐν εἰρήνῃ δὲ καὶ τὰ τῶν εὐωχιῶν θάλλει, οἷς ἀναγκαιό-
58 τατος ὁ οἶνός ἐστι. τυγχάνει δὲ ὁ Διόνυσος ἤτοι διόνυξος | ὢν ἢ οἷον διάνυσος παρὰ τὸ διαίνειν ἡμᾶς ἡδέως ἢ παρὰ τὸ τὴν διάνοιαν ἐπομβρεῖν καὶ καταβρέχειν ἐσχηκὼς τὴν προσηγορίαν ἀπὸ τῆς ὕσεως ἢ ὡσανεὶ διάλυσος κεκλημένος, ἀφ' ἧς ἀρχῆς καὶ λύσειον αὐτὸν καὶ λυαῖον ἐπωνόμασαν λύοντα τὰς μερίμνας· τινὲς δέ φασιν ἀπὸ τοῦ τὸν Δία περὶ τὸ Νύσιον ὄρος φῆναι πρῶτον τὴν ἄμπελον παρεληλυθέναι τοῦτο τὸ ὄνομα εἰς τὴν συνήθειαν. λέγεται δὲ διὰ πυρὸς λοχευθῆναι, τὸ θερμὸν αὐτοῦ καὶ πυρωτικὸν τῶν τε σωμάτων καὶ τῶν ψυχῶν παριστάντος τοῦ μύθου – ὄντως γὰρ οἶνός τι πυρὶ ἶσον μένος ἔχει κατὰ τοὺς ποιητάς –, ἐρραφθεὶς δ' εἰς τὸν μηρὸν τοῦ Διὸς ἐκεῖ τελεσφορηθῆναι [διὰ τὸ πεπαίνεσθαι

1 ποιοῦσα *ρ* | ἐκάλουν … εἰρήνην del. Lang | τὸν … εἰρήνην] τὸ λέγειν εἴρειν Nauck ‖ **2–3** ὁ … ἐναντίων del. Lang ‖ **4** οἰκεῖος *σ* | ἔδοξας Z*ρ*RQ | Εἰρήνην *ρ*: Εἰρήνης B[2] ‖ **4–5** εἶναι τῶν V[2]: αὖ τῶν *λb* (αὐτῶν *ρτ*) Q: εἰρῆσθαι, τῶν C: εἶναι ὡς τῶν Schm. ‖ **5** καὶ[2]] ἐπεὶ καὶ C Schm. ‖ **5–6** καὶ[2] … ποιοῦνται del. Lang **5–8** καὶ[2] … ἐστι] καὶ διὰ ταῦτα σπονδὰς ποιοῦνται post ἐστι Schm. **7–8** ἀναγκαιότατον C ‖ **8** δὲ ὁ V[2]: δὲ καὶ ὁ *λb*: δὲ καὶ *φ* | ἤτοι … ὢν del. Schm. | διόνυξος] διόνυσος *λ*ZQ: διάνυσος Schmidt | διόνυξος … ἢ del. Lang **8–9** διόνυξος … οἷον om. *π* ‖ **8–9** ἢ … ἡδέως post ὕσεως (l. 11) Schmidt **9** οἷον διάνησος *λ*Z: διάνυσός τις ὢν C | διαίνειν] διανύειν Mehl. ‖ **9–11** ἢ … ὕσεως *Ξ*: om. *ω* ‖ **9–11** τὸ[2] … ὕσεως] τοῦ τὸ διάνοιαν ὗσαι, ὅ ἐστιν ἐπομβρεῖν καὶ καταβρέχειν, τὴν προσηγορίαν ἐσχηκὼς Schm. ‖ **11** διάλυσος τροπῇ τοῦ α εἰς ο καὶ τοῦ λ εἰς ν C | κεκτημένος Q: om. C | ἧς ἀρχῆς] οὗ C ‖ **12** λύσειον *Ξ* (cf. Orph., *H.* 42,4): ἀλύσιον *ω* | λύοντα] ὡς λύοντα *θ*: καὶ λύοντα G | λύοντα τὰς μερίμνας del. Lang ‖ **13** τὸν Δία om. C: τὸν om. Q | περὶ τὸ Νύσιον] πτερνίσιον *λ*: πτερνύσιον Z*ρ*Q: εἰς τὸ Νύσιον C: εἰς τὸ σίτιον *κ* | φῦναι *b*C **15–17** τὸ … ποιητὰς del. Lang ‖ **15** αὐτοῦ V[2]*φ*: αὐτὸν *λ*Z*ρ*: αὐτὸ *σ* ‖ **16** τε om. *σ*C | καὶ τῶν ψυχῶν *Ξ*: om. *ω* ‖ **17** τι] τε G: ἐστι *φ* | ἔχων C ‖ **18–49,2** διὰ … τάδε del. Schm.

καὶ τελειοῦσθαι τὸν οἶνον, εἰ γὰρ μὴ πεφυκότα γενναῖον ἀποτιθέμενον, ἀτελῆ δ' ὡς πρὸς τὴν χρῆσιν συγκομισθέντα τάδε], ἐπεὶ πρώτη μὲν αὐτοῦ γέννησίς ἐστιν ἡ κατὰ πέπανσιν τῆς ὀπώρας, ἥτις γίνεται τῶν καυμάτων ἀκμαζόντων, δευτέρα δὲ ἡ κατὰ τὴν πάτησιν, ἐκθλιβομένου | τοῖς ποσὶν αὐτοῦ, καὶ τοιοῦτόν τι ἐκ τοῦ 59
μηροῦ συνεκδέχεσθαι δέοντος. Βρόμιος δὲ καὶ Βάκχος καὶ Ἴακχος καὶ Εὔιος καὶ βαβάκτης καὶ Ἰόβακχος καλεῖται διὰ τὸ πολλὰς τοιαύτας φωνὰς τοὺς πατοῦντας αὐτὸν πρῶτον, εἶτα τοὺς ἕως μέθης μετὰ ταῦτα χρωμένους ἀφιέναι. τῆς δ' ἐν τοῖς πότοις παιδιᾶς, εἶτ' ἐκστάσεως σύμβολόν εἰσιν οἱ Σάτυροι τὴν ὀνομασίαν ἐσχηκότες ἀπὸ τοῦ σεσηρέναι καὶ οἱ Σκιρτοὶ ἀπὸ τοῦ σκαίρειν καὶ οἱ Σιληνοὶ ἀπὸ τοῦ σιλαίνειν καὶ οἱ Σευΐδαι ἀπὸ τοῦ σεύειν, ὅ ἐστιν ὁρμᾶν. διὰ τούτων δ' ἴσως παρίσταται τὸ ὡσανεὶ μετ' ἐκλύσεως καὶ θηλύτητος παράφορον τῶν πινόντων. τούτου δὲ ἕνεκεν καὶ θηλύμορφος μὲν πλάττεται, κέρατα δὲ ἔχων, ὡσὰν τοὺς μὲν τόνους ἀποβαλλόντων τῶν μεθυσκομένων, βίᾳ δὲ χρωμένων καὶ δυσκάθεκτόν τι καὶ ὁρμητικὸν ἐχόντων. καὶ τὸ μὲν τῆς ἐσθῆτος ἀνθηρὸν παρίστησι τὴν ποικιλίαν τῆς ὀπώρας, ἡ δ' ἐν τοῖς πλείστοις τῶν πλασμάτων γυμνότης τὸν παρὰ τοὺς πότους γινόμενον ἀπαμφιασμὸν τοῦ τρόπου, καθὸ δοκεῖ καὶ τὸ

οἶνος καὶ ἀλήθεια

21 οἶνος καὶ ἀλήθεια] cf. Alc., fr. 366 Voigt (οἶνος, ὦ φίλε παῖ, καὶ ἀλάθεα); cf. etiam Theocr. 29,1 ('οἶνος, ὦ φίλε παῖ,' λέγεται, 'καὶ ἀλάθεα')

1 οἶνον] οἶνον τοῖς μηροῖς ἐκ δευτέρου Schm. ex C (cf. infra) | † ante εἰ Lang εἰ γὰρ μὴ] ὡς γὰρ μὴ B Schm.: καὶ γὰρ μὴ G ‖ **1–3** εἰ … γέννησίς] τοῖς μηροῖς ἐκ δευτέρου· πεπανθεὶς γὰρ πρότερον ἐν ἀμπέλῳ, ὅτι ἀτελής ἐστι πρὸς χρῆσιν, ὕστερον δὲ πατηθεὶς τοῖς ποσὶ τέλειος γίνεται· πρώτη γὰρ ἐκείνη γένεσις C ‖ **1** γενναῖον] τέλειον Schm. ‖ **2** τάδε] τήνδε *σ* | ἢ ἐπεὶ Schmidt **3** αὐτῆς L*b*Q | γένεσις VZ*ρ*R*φ* ‖ **4** τῶν codd.: om. Lang | δεύτερον *ρ*F ‖ **5** αὐτοῦ V^2*σ*: αὐτῶν cett. | τοιοῦτό *λb*Q ‖ **6–7** καὶ^2 … Ἰόβακχος om. *κ* ‖ **7–8** πολλαῖς τοιαύταις φωναῖς C: om. *κ* ‖ **8** καὶ τοὺς^2 C ‖ **9–10** τῆς δ' ἐν τοῖς πότοις παιδιᾶς *Ξ*: ταῖς ἐν τοῖς τόποις (πότοις B^2) παιδιαῖς *ω* ‖ **10** εἶτ' ἐκστάσεως] ἐκστάσεως δὲ C ‖ **13** δ' ἴσως om. *π* ‖ **15** κέρατα δὲ ἔχων] καὶ κέρατα ἔχει C ὡσὰν *Ξ*: ὡς *ω* ‖ **16** μεθυσκομένων V^2 mg.: μεθυομένων *λb*: μεθυσμένων Q: μεθυόντων C ‖ **18** τὴν ποικιλίαν παρίστησι L*δ* ‖ **19** παρὰ τοὺς πότους V^2: παρὰ τ. τόπους *λ*Z*φ*: περὶ τ. τόπους *π* ‖ **21** καὶ ἀλήθεια] κατ' ἀλήθειαν B^2: καὶ ἀληθῶς Q: ἀληθῶς C

εἰρῆσθαι, τάχα διὰ τοῦτου καὶ μαντεῖα ἔσθ' ὅπου τοῦ Διονύσου ἔχοντος. τῷ δὲ θορυβώδει τῶν μεθυσκομένων οἰκεῖόν τι ἔδοξεν ἔχειν καὶ ὁ τῶν ῥόπτρων ψόφος καὶ τυμπάνων, ἃ παραλαμβάνουσιν εἰς τὰ ὄργια αὐτῶν. χρῶνται δὲ πολλοὶ καὶ
60 αὐλοῖς παρὰ τὴν συγ|κομιδὴν τοῦ καρποῦ καὶ ἄλλοις τοιούτοις
ὀργάνοις. ὁ δὲ θύρσος ἐμφαίνει τὸ μὴ ἀρκεῖσθαι τοῖς ἑαυτῶν ποσὶ τοὺς πολὺν οἶνον πίνοντας, τῶν δ' ὑποστηριούντων αὐτοὺς δεῖσθαι. τινὲς δὲ τῶν θύρσων καὶ ἐπιδορατίδας κρυπτομένας ὑπὸ τοῖς φύλλοις ἔχουσιν ὡσὰν καὶ ὀδυνηφόρου τινὸς ἔσθ' ὅτε ὑποκρυπτομένου τῇ παρὰ τὴν πολυποσίαν ἱλαρότητι εἰς ὕβρεις ἐνίων καὶ παρακοπὰς ἐμπιπτόντων, ἀφ' οὗ δὴ μαινόλης τε ὁ Διόνυσος ἐκλήθη καὶ Μαινάδες αἱ περὶ αὐτὸν γυναῖκες. πλάττεται δὲ καὶ νέος καὶ πρεσβύτης διὰ τὸ πάσῃ ἡλικίᾳ πρόσφορος εἶναι, τῶν μὲν νέων λαβρότερον αὐτῷ χρωμένων, τῶν δὲ πρεσβυτέρων ἥδιον. οἱ δὲ Σάτυροι παρεισάγονται ταῖς Νύμφαις ἐπιμιγνύμενοι καὶ τὰς μὲν πειρῶντες, τὰς δὲ μετὰ παιδιᾶς βιαζόμενοι τῷ τὴν πρὸς τὸ ὕδωρ κρᾶσιν τοῦ οἴνου συνῶφθαι χρησίμην οὖσαν. τὰς δὲ παρδάλεις ὑποζευγνύουσι τῷ Διονύσῳ καὶ παρακολουθούσας εἰσάγουσιν ἤτοι διὰ τὸ ποικίλον τῆς χροιᾶς, ὡς καὶ νεβρίδα αὐτός τε περιῆπται καὶ αἱ Βάκχαι, ἢ ὡς καὶ τὰ ἀγριώτατα ἤθη τῆς συμμέτρου οἰνώσεως ἐξημερούσης. τὸν δὲ τράγον αὐτῷ θύουσι διὰ τὸ λυμαντικὸν δοκεῖν τῶν ἀμπέλων καὶ τῶν συκῶν εἶναι τοῦτο τὸ ζῷον, καθὸ καὶ ἐκδέροντες αὐτὸν εἰς τὸν ἀσκὸν ἐνάλλονται κατὰ τὰς Ἀττικὰς κώμας οἱ γεωργοὶ νεανίσκοι. τάχα δὲ ἂν χαίροι τοιούτῳ θύματι ὁ Διόνυσος διὰ τὸ ὀχευτικὸν εἶναι τὸν τράγον, ἀφ'
61 | οὗ καὶ ὁ ὄνος ἐν ταῖς πομπαῖς αὐτοῦ θαμίζει καὶ οἱ φαλλοὶ αὐτῷ
ἀνατίθενται καὶ τὰ φαλλαγώγια ἄγεται· κινητικὸν γὰρ πρὸς

1 τοῦτο *κ* ‖ **1–2** μαντεῖα … ἔχοντος] μαντείας … γινομένης C ‖ **1** ὅπου Ξ: ὅτε *ω* ‖ **2** τὸ δὲ θορυβῶδες G*φ* ‖ **3** ἔχειν] εἶναι Os. | ῥόπτεων Z: ῥόμβων *π*: ῥόπτων *φ* ‖ **4** αὐτῶν Os.: αὐτῶν *λb*Q: αὐτοῦ C ‖ **5** παρὰ] περὶ *λ* ‖ **7** ὑποστηριζόντων Os. ‖ **8–9** τοῖς φύλλοις Ξ: τῶν φύλλων *ω* ‖ **9** ὡς ἂν Ξ: ὡς *ω* **10** ὑποκρυπτομένου Ξ: κρυπτομένου *ω* | ὕβριν *θ* ‖ **11** ἐκπιπτόντων *ψ* Os. μαινόλης τε edd. ex V[2] (μαινώλης τε): μαινόλης (-ώλης *λ*G) τε καὶ *λb*Q: καὶ μαινόλης C ‖ **15** ἡδίων Q: ἡδύτερον C ‖ **16** καὶ del. Schm. ‖ **17** συνῶφθαι Lang: συνῆφθαι codd. ‖ **18** ὑποζευγνύασι Os. ‖ **20** τε om. *φ* ‖ **24** γεωργῶν C | χαίρῃ *λb* ‖ **26** ὁ οἶνος G: οἱ ὄνοι *φ* | θαμίζειν Q: θαμίζουσι C ‖ **27** φαλλαγώγια BM[2]: φαλαγώγια *τ*: φαλλαγγώγια V[2]Z: φαλλασγώγια V[1]L: σφαλατώγια *φ* (σφαλαγώγια *κ*)

συνουσίαν ὁ οἶνος, διὰ τοῦτ᾽ ἐνίων κοινῇ θυόντων Διονύσῳ καὶ Ἀφροδίτῃ. ὁ δὲ νάρθηξ διὰ τῆς σκολιότητος τῶν κώλων ἐμφαίνει τὸ τῇδε κἀκεῖσε παραφερόμενον τῶν μεθυόντων [ἅμα δὲ καὶ ἐλαφροὺς καὶ εὐβαστάκτους αὐτοὺς εἶναι]· τινὲς δέ φασιν ὅτι καὶ τὸ ἄναρθρον [μὲν] τῆς λαλιᾶς αὐτῶν ὡσανεὶ ἄρθρα ἔχον παρίστησιν. ὀρείφοιτοι δ᾽ εἰσὶ καὶ φιλέρημοι αἱ Βάκχαι διὰ τὸ μὴ ἐν ταῖς πόλεσιν, ἀλλ᾽ ἐπὶ τῶν χωρίων γεννᾶσθαι τὸν οἶνον. διθύραμβος δ᾽ ὁ Διόνυσος ἐκλήθη πότερον ὡς τὸ δίθυρον τοῦ στόματος ἀναφαίνων καὶ ἐκφερομυθεῖν τὰ ἀπόρρητα ποιῶν ἢ ὡς δι᾽ αὐτὸν καὶ ἐπὶ τὰς θύρας ἀναβαινόντων τῶν νέων ἢ ἐμβαινόντων εἰς αὐτάς, ὅ ἐστιν ἐμπιπτόντων καὶ διασαλευόντων τὰ κλεῖθρα. ὁ δὲ θρίαμβος ἀπὸ τοῦ θροεῖν καὶ ἰαμβίζειν τὴν κλῆσιν ἔλαχεν, ὅθεν καὶ ἐν τοῖς κατὰ τῶν πολεμίων θριάμβοις πολλοὶ ἀναπαίστοις σκώπτοντες χρῶνται. καὶ τὴν κίτταν δὲ ὡς λάλον | 62
ὄρνεον καθιεροῦσιν αὐτῷ καὶ βασσαρέα καλοῦσιν ἀπὸ τοῦ βάζειν καὶ Εἰραφιώτην ἀπὸ τοῦ ἔριν ἀφιέναι. καθαιρετικὸς δὲ παντὸς οὑτινοσοῦν ὑπάρχων ἔδοξε καὶ πολεμιστὴς εἶναι καὶ πρῶτος καταδεδειχέναι τὸν ἐν ταῖς πολεμικαῖς νίκαις ἀγόμενον θρίαμβον. τῷ κιττῷ δὲ στέφεται διὰ τὴν πρὸς τὴν ἄμπελον ἐμφέρειαν αὐτοῦ καὶ τὴν πρὸς τοὺς βότρυς ὁμοιότητα τῶν κορύμβων· πέφυκε δὲ καὶ

1 τοῦτο *πφ* | ἔνιοι … θύουσι *σ*: ἐνίων … μεθυόντων *φ* ‖ **3** παραφερόμενον *Ξ*: περιφερόμενον *ω* (-ομένων Q: -εσθαι C) | τοὺς μεθύοντας C ‖ **3–4** ἅμα … εἶναι del. Lang ‖ **4** ἐκβαστάκτους V (εὐ- V²): ἐκβαστάκτας L: εὐβαστάκτας Z: εὐαστάκτους Q | αὐτοὺς om. G Os. | τινὲς … καὶ² om. C | δέ om. Q ‖ **5** τὸ δὲ ἔναρθρον C: τὸ ἔναρθρον Schm. | μὲν del. Schm.: om. C | ὡσανεὶ … ἔχον del. Schm. | ἔχων *θ* (μὴ ἔχον B²) *φ* Schm. ‖ **7** χώρων *b*: χωρῶν *φ* (χωρίων *κ*) ‖ **8** δὲ *π*: om. *φ* ‖ **8–11** ὡς … διασαλευόντων] διὰ τὸ δίθυρον τὸ στόμα ποιεῖν, διά τε τὸ ἀναβαίνειν καὶ ἐκφερομυθεῖν ποιεῖν τὰ ἀπόρρητα, ἢ ὡς αὐτὸς ὢν ὁ ποιῶν ἐπὶ τὰς θύρας ἀναβαίνειν τοὺς νέους ἢ ἐμβαίνειν εἰς αὐτάς, καὶ ἐμπίπτειν καὶ διασαλεύειν C ‖ **9** ἀναφαίνων B²: ἀναβαίνων cett. (ἀναβαίνειν C) ‖ **10** δι᾽ … θύρας] ἐπ᾽ αὐτὸν καὶ διὰ θύρας Schm. ‖ **11** ἐκβαινόντων *ρ*G **11–12** ἐμπιπτόντων … κλεῖθρα] διασαλευόντων τὰ κλεῖθρα καὶ ἐμπιπτόντων Schm. ‖ **13** τῶν πολέμων Q: τὸν πόλεμον C | πολλοὶ Lang: οἱ πολλοὶ Nauck: πολλοῖς codd. ‖ **14** νίτταν V¹L ‖ **15** ἀφιεροῦσιν *κ* | βασσαρέα edd. ex *λb* (βασαρέα): βασταραίαν *φ* ‖ **16–18** καθαιρετικὸς … θρίαμβον post τὰ κλεῖθρα (l. 12) Lang ‖ **18** ἐν ταῖς πολεμικαῖς νίκαις V² mg.: ἐν ταῖς πολεμικαῖς (οἷς … οἷς V² supra) *ω*: ἐν ταῖς πολεμικαῖς πομπαῖς Gale ‖ **19** τῷ δὲ κιττῷ C ‖ **20–52,2** πέφυκε … πρέμνοις del. Lang σφάλλειν τὰ δένδρα, ἀνέρπων δι' αὐτῶν καὶ περιπλεκόμενος βιαιότερον τοῖς πρέμνοις. τὰ δὲ θυμελικὰ ἀκροάματα τὸν Διόνυσον θεραπεύει διὰ τὴν πρὸς τὰς θαλίας οἰκειότητα αὐτῶν, οἷον ᾠδῆς καὶ κιθάρας·

τὰ γάρ τ' ἀναθήματα δαιτός.

μυθολογεῖται δ' ὅτι διασπασθεὶς ὑπὸ τῶν Τιτάνων συνετέθη πάλιν ὑπὸ τῆς Ῥέας, αἰνιττομένων τῶν παραδόντων τὸν μῦθον ὅτι οἱ γεωργοί, θρέμματα γῆς ὄντες, συνέχεαν τοὺς βότρυς καὶ τοῦ ἐν αὐτοῖς Διονύσου τὰ μέρη ἐχώρισαν ἀπ' ἀλλήλων, ἃ δὴ πάλιν ἡ εἰς ταὐτὸ σύρρευσις τοῦ γλεύκους συνήγαγε καὶ ἓν σῶμα ἐξ αὐτῶν ἀπετέλεσε. καὶ ὁ παρὰ τῷ ποιητῇ δὲ μῦθος, ὡς φεύγων ποτὲ τὴν Λυκούργου ἐπιβουλὴν ὁ θεὸς ἔδυ κατὰ θαλάττης, εἶθ' ἡ Θέτις αὐτὸν διέσωσεν, ἐμφανῆ τὴν διάνοιαν ἔχει. τιθῆναι μὲν γάρ εἰσι τοῦ Διονύσου αἱ ἄμπελοι· ταύτας δ' ὁ Λυκοῦργος τρυγητὴς ὢν ἐσκύλευσε καὶ ἀπεκόσμησεν, εἶθ' ὁ οἶνος θαλάττῃ μιγεὶς ἀσφαλῶς ἀπετέθη. καὶ περὶ μὲν Διονύσου τοσαῦτα.

63 [31] Ἡρακλῆς δ' ἐστὶν ὁ ἐν τοῖς ὅλοις λόγος | καθ' ὃν ἡ φύσις ἰσχυρὰ καὶ κραταιά ἐστιν καὶ ἀπεριγένητος οὖσα, μεταδοτικὸς ἰσχύος καὶ τοῖς κατὰ μέρος καὶ ἀλκῆς ὑπάρχων. ὠνόμασται δὲ τάχα ἀπὸ τοῦ διατείνειν εἰς τοὺς ἥρωας, ὡς αὐτοῦ ὄντος τοῦ κλεΐζεσθαι τοὺς γενναίους ποιοῦντος· ἥρωας γὰρ ἐκάλουν οἱ παλαιοὶ τοὺς ἀδροὺς τοῖς σώμασι καὶ ταῖς ψυχαῖς καὶ κατὰ τοῦτο τοῦ θείου γένους μετέχειν δοκοῦντας. οὐ δεῖ δὲ ὑπὸ τῆς νεωτέρας

5 τὰ … δαιτός] Hom., *Od.* 1,152, 21,430 ‖ **11–13 καὶ … διέσωσεν]** cf. Hom., *Il.* 6,130–40 ‖ **17–54,7 Ἡρακλῆς … πρεσβεύειν]** cf. Cleanth. *Stoic.*, *SVF* 1,514

1 σφάλλειν] σφίγγειν Luc. ‖ **3 αὐτῶν οἰκειότητα** *φ* | τινων αὐτῶν Luc. ‖ **5 τ'** om. *κ* | τῆς δαιτός *κ* ‖ **7 παραδιδόντων** N^{2} ‖ **8 βότρυας** *π* | τοῦ] τοὺς G ‖ **8–9 ἐν αὐτοῖς** V^{2}*σ* (ἔναντι G): ἐν αὐτῷ *λ*Z*φ*: ἐν αὐτοῦ *ρ*: ἐνόντος Gale ‖ **10 ταὐτὸ** *Ξ*: αὐτὸ *ω* | σύρρυσις Lang ‖ **12 Λυκούργων** V^{1}LZ: τοῦ Λυκούργου *κ* | ὁ *Ξ*: om. *ω* (add. B^{2}) | ἔδυ κατὰ V^{2}: εἰς τὸ κατὰ *λb*: εἰς τὰ κατὰ *φ* ‖ **13–14 τοῦ Διονύσου εἰσι** *π* ‖ **14 ταύτας** Schm.: ταύτης codd. ‖ **15 θαλάσσῃ** *λb* ‖ **17 λόγος]** τόνος Arn. (ad *SVF* 1,514) ‖ **18 καὶ^{2}** del Wil. | καὶ^{2} … οὖσα del. Lang | ἀνίκητος καὶ ἀπεριγένητος *δ* Schmidt | οὖσα] ὢν Schm.: del. Schmidt | μεταδοτικὴ V^{1}L: καὶ μεταδοτικὸς Wil. ‖ **19 καὶ^{1}** del Wil. | τοῖς … ἀλκῆς] τῆς κατὰ μέρος καὶ (om. *σ*) ἀλκῆς *π*: καὶ ἀλκῆς καὶ τοῖς κατὰ μέρος Schm. | καὶ^{2} om. C ‖ **22 ἀδροὺς** *π* (ἄνδρας F: ἀδροὺς G) *φ* ‖ **23 οὐ δεῖ δὲ** *Ξ*: οὐ δὲ vel οὐδὲ *ω*

ἱστορίας ἐπιταράττεσθαι· διὰ γὰρ ἀρετὴν ἠξιώθη τῆς αὐτῆς τῷ θεῷ προσηγορίας Ἀλκμήνης καὶ Ἀμφιτρύωνος υἱὸς ὤν, ὥστε δυσδιάκριτα γεγονέναι τὰ τοῦ θεοῦ ἴδια ἀπὸ τῶν περὶ τοῦ ἥρωος ἱστορουμένων. τάχα δ' ἂν ἡ λεοντῆ καὶ τὸ ῥόπαλον ἐκ τῆς παλαιᾶς θεολογίας ἐπὶ τοῦτον μετενηνεγμένα εἴη. στρατηγὸν γὰρ αὐτὸν ἀγαθὸν γενόμενον καὶ πολλὰ μέρη τῆς γῆς μετὰ δυνάμεως ἐπελθόντα οὐχ οἷόν τε γυμνὸν ἔδοξε περιεληλυθέναι, ξύλῳ μόνον ὡπλισμένον, ἀλλὰ τοῖς ἐπισήμοις τοῦ θεοῦ μετὰ τὸν ἀπαθανατισμὸν ὑπὲρ τῶν εὐεργετουμένων κεκοσμῆσθαι. σύμβολον δ' ἂν ἑκάτερον εἴη ῥώμης καὶ γενναιότητος· ὁ μὲν γὰρ λέων τὸ ἀλκιμώτατον τῶν θηρίων ἐστί, τὸ δὲ ῥόπαλον τὸ καρτερώτατον τῶν ὅπλων. καὶ τοξότης δ' ἂν ὁ θεὸς παρεισάγοιτο κατά τε τὸ πανταχοῦ δι|ικνεῖσθαι καὶ κατὰ τὸ ἔντονόν τι ἔχειν καὶ τὴν τῶν βελῶν 64
φοράν· στρατηλάτην δ' οὐκ ἄλογον τοιούτοις ὅπλοις πεποιθότα εἰς τὰς παρατάξεις ἀπαντᾶν. οἰκείως δὲ παρέδοσαν αὐτὸν Κῷοι τῇ Ἥβῃ συνοικοῦντα ὡς ὁλοσχερέστερον [αὐτὸν] τὴν διάνοιαν ὄντα, ὡς γὰρ

νέων τι δρᾶν μὲν εὐτονώτεραι χέρες,
ψυχαὶ δ' ἀμείνους τῶν γεραιτέρων πολύ.

ὑπονοῶ δὲ καὶ τὴν παρ' Ὀμφάλῃ λατρείαν ἐκείνῳ πιθανώτερον εἶναι προσήκειν, ἐμφαινόντων πάλιν διὰ τούτου τῶν παλαιῶν ὅτι

18–19 νέων … πολύ] Eur., fr. 291,1–2 Kann.

1 ἐπιταράττεσθαι δεῖ *σ*: ἐκταράττεσθαι Wil. ‖ **1–2** τῷ θεῷ τῆς αὐτῆς (τοιαύτης C) *φ* ‖ **2** ὁ Ἀλκμήνης Schm. | ὤν ὥστε Most: ὤν· τὸ δὲ codd.: ὥστε Schm. **3** γεγονέναι] γενέσθαι G ‖ **4** post ἱστορουμένων lac. Os. ‖ **5–9** στρατηγὸν … κεκοσμῆσθαι del. Schm. ‖ **6** γενόμενον ἀγαθὸν *φ* ‖ **7** ἔδοξαν V*φ*: del. Wil. ξύλῳ] ξίφει Schm. | μόνῳ *φ* ‖ **9** ὑπὲρ] ὑπὸ N[4]C | κεκοσμίσθαι B (κεκοσμῆ mg.): κεκομίσθαι R: κεκομῆσθαι Z*ρ*: κεκοσμήκασι Schm.: κεκόσμηται Wil. | δ' ἂν] γὰρ *φ* ‖ **10–11** ἀλκιμώτατον] γενναιότατον *κ* ‖ **13** καὶ[2] del. Schm. **14** στρατηλάτην δ'] καὶ στρ. Schm. ‖ **14–15** στρατηλάτην … ἀπαντᾶν del. Lang ‖ **14** ἄλογον Os.: εὔλογον codd. | τοιούτοις V[2]: τούτοις τοῖς *π*: τούτοις cett. ‖ **16** ὡς *Ξ*: om. *ω* ‖ **16–18** -έστερον … εὐτον- om. G ‖ **16** αὐτὸν del. Nauck: om. *κ*: αὖ τὸ σῶμα ἢ Arn. (ad *SVF* 1,514) ‖ **17** ὡς γὰρ codd. Most: ὄντως γὰρ Nauck (ὄντα antea om.): ὡς γάρ φησιν ὁ Εὐριπίδης Arn. (ad *SVF* 1,514): ὡς εἴρηται Lang ‖ **18** τι] τοι *λ*Z | μὲν om. *φ* | χεῖρες *φ* (αἱ χ. C) ‖ **19** ψυχαὶ δ'] οὕτω ψυχαὶ C: οὕτω ψυχὰς *κ* ‖ **20** καὶ *Ξ*: om. *ω* | πιθανώτερον *Ξ*: πιθανωτέραν *ω* ‖ **21** καὶ προσήκειν BR: προσήκει Q | ἐμφαίνοντα LQ καὶ τοὺς ἰσχυροτάτους ὑποτάττειν δεῖ ἑαυτοὺς τῷ λόγῳ καὶ τὰ ὑπὸ τούτου προσταττόμενα ποιεῖν, εἰ καὶ θηλύτερόν τι κατὰ τὴν θεωρίαν καὶ τὴν λογικὴν σκέψιν προσπίπτει τῇ ὀμφῇ, ἣν οὐκ ἀτόπως ἂν δόξαιεν Ὀμφάλην προσηγορευκέναι. τοὺς δὲ δώδεκα ἄθλους ἐνδέχεται μὲν ἀναγαγεῖν οὐκ ἀλλοτρίως ἐπὶ τὸν θεόν, ὡς καὶ Κλεάνθης ἐποίησεν· οὐ δεῖν δὲ δοκεῖ πανταχοῦ εὑρεσίλογον πρεσβεύειν.

65 [32] Ἐχομένως τοίνυν, ὦ τέκνον, Ἀπόλλων ὁ ἥλιός ἐστιν, Ἄρτεμις δὲ ἡ σελήνη· διὰ τοῦτο γὰρ καὶ τοξότας αὐτοὺς ἀμφοτέρους παρήγαγον, τὴν ὡσανεὶ ἄφεσιν πόρρω τῶν ἀκτίνων αἰνιττόμενοι. καλοῦνται δὲ ὁ μὲν [ἥλιος] ἕκατος [διὰ τοῦτο], ἡ δὲ ἑκάτη τῷ ἕκαθεν δεῦρο ἀφιέναι καὶ ἀποστέλλειν τὸ φῶς, ὥστε παρακειμένως καὶ ἑκατηβόλους αὐτοὺς προσηγορεύκασιν. ἔνιοι δὲ τὸν Ἕκατον καὶ τὴν Ἑκάτην ἄλλως ἐτυμολογοῦσιν, ὡς τῶν τεθειμένων αὐτοῖς τὰ ὀνόματα ταῦτα ἑκὰς αὐτοὺς εἶναι εὐχομένων καὶ τὴν ἐξ αὐτῶν βλάβην μὴ προσπελάζειν αὐτοῖς· δοκοῦσι γὰρ καὶ φθείρειν ἔσθ' ὅτε τὸν ἀέρα καὶ τῶν λοιμικῶν καταστάσεων αἴτιοι γίνεσθαι· διὸ καὶ τοὺς ὀξεῖς αὐτοῖς θανάτους ἀνετίθεσαν οἱ πάλαι, καὶ ὁ ποιητὴς ὡς ἐμφανές τι ἐν τῷ λοιμῷ παρεισάγει τὸν Ἀχιλλέα λέγοντα ὅτι ζητητέος μάντις,

ὅς κ' εἴποι ὅτι τόσσον ἐχώσατο Φοῖβος Ἀπόλλων.

τούτου δ' ἕνεκεν οἴονται κατ' εὐφημισμὸν τὴν μὲν Ἄρτεμιν ἀπὸ

19–20 ὁ … μάντις] cf. Hom., *Il.* 1,62–3 ‖ **21** ὅς … Ἀπόλλων] Hom., *Il.* 1,64

2 πραττόμενα V^1LZ*σ* (προσταττ- G) *φ* (προσταττ- V^b) ‖ **3** προσπίπτειε Wil. τῇ ὀμφῇ Schm. (cf. τῇ ὀμφῆς P): τῆς ὀμφῆς codd.: ἐκ τῆς ὀμφῆς Lang p. 126 **3–4** οὐκ … δόξαιεν] οὐχ ἑτέραν ἂν δόξαιμεν *κ* ‖ **4** Ὀμφάλην] ὀμφάλου *λ*Z*ρφ* προσηγορηκέναι C | δυοκαίδεκα *φ* ‖ **5** ἀλλοτρίου Q: ἀλλοτρίους C ‖ **6** δεῖν δὲ δοκεῖ *θ*C: δεῖν δὲ δοκεῖν *λ*Z*ρ*: δεῖν δοκεῖν Q: δεῖ δὲ δοκεῖν *τκ* | πανταχοῦ] πάντων PM Wil. (ἐπὶ πάντων) ‖ **6–7** † ante πανταχοῦ ... πρεσβεύειν Lang **6** τὸ (τὸν?) εὑρεσίλογον B: εὑρεσιλογεῖν Wil. ‖ **7** πρεσβεύειν] πρεσβύτην *κ*: πρὸς βίαν Wil. ‖ **8** ὦ τέκνον] τῷ συντέχνῳ Gale ad loc. ex G (τῷ συντέκνῳ) **9** διὰ τοῦτο del. Schm. | αὐτοὺς om. *κ* ‖ **11** ἥλιος om. C: del. Lang | διὰ τοῦτο om. C: del. Schm. ‖ **12** τῷ] διὰ τὸ C: om. Q | ὥστε] ὅθεν *κ* ‖ **14–15** τεθειμένων Ξ: τεθεικότων *ω* ‖ **15** ἑκὰς] εὐχὰς C | αὐτοὺς Ξ: αὐτὰ *ω* ‖ **18** γενέσθαι *π* | αὐτοῖς θανάτους Ξ: θανάτους αὐτοῖς *ω* ‖ **19** καὶ V^2*θ*: ὡς *τ*: καὶ ὡς cett. ‖ **20** ζητητέος μάντις V^2: ζητητέον μάντιν L*σ*C: ζητητέον μάντεις V^1Z*ρ*Q ‖ **22** ἕνεκα *π* | μὲν om. *φ*

τοῦ ἀρτεμεῖς ποιεῖν, ὅ ἐστιν ὑγιεῖς, ὠνομάσθαι, τὸν δ' Ἀπόλλωνα
ὡς ἀπολύονθ' ἡμᾶς τῶν νόσων ἢ ἀπελαύνοντα ἀφ' ἡμῶν αὐτὰς ἢ
ἀπολούοντα ταύτης | τετευχέναι τῆς προσηγορίας, καθ' ἣν ἔννοιαν 66
καὶ Παιήων ἐκλήθη καὶ ἰατρὸς ἔδοξεν εἶναι. τινὲς δὲ αὐτόθεν
Ἀπόλλωνα αὐτὸν ἀπὸ τοῦ ἀπολλύναι φασὶν εἰρῆσθαι· καὶ γὰρ τὸν
ἀπολλύντα ταύτην τὴν διακόσμησιν τοῦτον εἶναι διὰ τοῦ
διατμίζειν ἀδιαλείπτως πάντοθεν αὐτῆς τὸ ὑγρὸν καὶ τῷ αἰθέρι
προσκατατάττειν· τάχα δ' ἂν καὶ ἀπὸ τοῦ ἁπλοῦν καὶ λύειν τὸ
συνεστὸς τῆς οὐσίας ἢ καὶ τὸ σκότος ὡσὰν ἁπλῶν εἰρημένος εἴη.
οἰκείως δὲ καὶ ἀδελφοὺς αὐτοὺς παρεισήγαγον ἐμφερεῖς ἀλλήλοις
ὄντας καὶ ὁμοειδῆ κίνησιν κινουμένους καὶ δύναμιν παραπλησίαν
ἐν τοῖς ὅλοις ἔχοντας καὶ τρέφοντας ὁμοίως τὰ ἐπὶ γῆς. εἶθ' ὁ μὲν
Ἀπόλλων ἄρρην ἀνεπλάσθη, θερμότερον ὢν πῦρ καὶ
δραστικώτερον, ἡ δ' Ἄρτεμις θήλεια, ἀμβλυτέραν καὶ ἀσθενῆ τὴν
δύναμιν ἔχουσα. βούπαιδος δ' ἡλικίαν ὁ Ἀπόλλων ἔχει, καθ' ἣν
καὶ οἱ ἄνθρωποι εὐειδέστεροι ἑαυτῶν φαίνονται· κάλλιστος γὰρ
ὀφθῆναι καὶ νεαρώτατός ἐστιν ὁ ἥλιος. μετὰ δὲ ταῦτα Φοῖβος μὲν
λέγεται διὰ τὸ καθαρὸς εἶναι καὶ λαμπρός· ἐπιθέτοις ἄλλοις
οἰκείως εἰς αὐτὸν χρῶνται, χρυσοκόμαν καὶ ἀκειρεκόμαν
προσαγο|ρεύοντες, ἐπειδὴ χρυσωπός ἐστι καὶ ἔξω πένθους 67
καθεστὼς διὰ τὴν ἁγνότητα· Δήλιον δὲ αὐτὸν ὠνόμασαν καὶ
Φαναῖον ἀπὸ τοῦ δηλοῦσθαι δι' αὐτοῦ τὰ ὄντα καὶ φωτίζεσθαι τὸν
κόσμον, ὡς καὶ Ἀναφαίου Ἀπόλλωνος ἱερὸν ἱδρύσαντο, τοῦ

1 ποιεῖν om. *b* ‖ **2** ἀπολύονθ'] ἀπολλύονθ' LZ ‖ **2–3** ἢ ἀπολούοντα del. Lang **3** ἀπολούοντα Vill. (cf. Pl., *Cra.* 406a1–3): ἀπόλλαντα *λ*Z*φ*: ἀπόλλοντα *π*: ἀπολλύντα M^2 Lang: ἀπείλλαντα V^2 mg. | ταύτης] ταύτας ταύτης *π* (ταύτας N^3) | τέτευχε *b* ‖ **3–4** καθ' … εἶναι fort. spuria Lang ‖ **4–5** αὐτόθεν Ἀπόλλωνα αὐτὸν] Ἀ. αὐτὸν V: αὐτόθεν Ἀ. C: ἀντίον Ἀ. Schm. ‖ **5** ἀπολλύναι αὐτόν (αὑ. B^2) *bφ* | φασὶν om. *φ* ‖ **6** τοῦτον V^2*τ*: τοιοῦτον cett. ‖ **7** διατμίζειν] διακομίζειν *φ* (κομίζειν C) | αὐτῇ LZ*ρφ*: ἐν αὐτῇ Schm. ‖ **9** συνεστὼς *λρτ* (-ὸς G^2) C | ὡσὰν edd.: ὡς ἂν codd. | ἁπλῶς *π* ‖ **10** αὐτῷ *φ* | ἀλλήλους *φ* (-οις *κ*) ‖ **12** τῆς γῆς *φ* **13** ἄρρην V^2*σ* (ἄρην BR): Ἄρης *λ* (ἄρρης L) Z (ἄρρης) *ρ* (ἄρρης T) *φ*: ἀνὴρ PM ὢν] γὰρ ὂν *φ* (γὰρ C) ‖ **14** ὡς ἀμβλυωτέραν *φ*: ἀμβλυοτέραν Ald Os. **16** εὐηδέστεροι V^1 (fort. ras.) *φ*: εὐειδέστατοι Nauck ‖ **17** ὁ ἥλιός ἐστιν *φ* **18** ἐπιθέτοις Lang (καὶ ἐ. Schm.): ἐπὶ τὸ τοῖς *λ*: ἐπὶ (ἐπεὶ *τ*) δὲ τοῖς *δ*: ἔτι δὲ τοῖς Vill. ‖ **18–21** ἐπιθέτοις … ἁγνότητα del. Lang ‖ **19** οἰκείως codd.: om. Lang | χρῆσθαι V | χρυσεκόμαν Z*φ*: χρυσοκόμην PM | ἀκειροκόμαν *σ*: ἀκειρεκόμην *λφ* (-αν *κ*) ‖ **20** πένθους] παντὸς *φ*

ἀναφαίνοντος πάντα· τούτῳ δ' ἠκολούθησε καὶ τὸ τὴν Δῆλον καὶ Ἀνάφην ἱερὰς αὐτοῦ νομισθῆναι. διὰ δὲ τὸν εἰρημένον σαφηνισμὸν τῶν πραγμάτων καὶ τὴν μαντικὴν αὐτῷ προσῆψαν καὶ εὑρεθέντος τοῦ ἐν Δελφοῖς μαντείου τὸν Ἀπόλλωνα προσωνόμασαν Πύθιον ἀπὸ τοῦ δεῦρο ἐρχομένους τοὺς ἀνθρώπους πυνθάνεσθαι τὰ καθ' ἑαυτούς· ἐλέχθη δὲ καὶ ὁ τόπος ὀμφαλὸς τῆς γῆς οὐχ ὡς μεσαίτατος ὢν αὐτῆς, ἀλλ' ἀπὸ τῆς ἀναδιδομένης ἐν αὐτῷ ὀμφῆς, ἥτις ἐστὶ θεία φωνή. λοξῶν δὲ καὶ περισκελῶν ὄντων τῶν χρησμῶν, οὓς δίδωσι, Λοξίας ὠνόμασται· ἢ ἀπὸ τῆς λοξότητος τῆς πορείας, ἣν ποιεῖται διὰ τοῦ ζῳδιακοῦ κύκλου. μουσικὸς δὲ καὶ κιθαριστὴς παρεισῆκται τῷ κρούειν ἐναρμονίως πᾶν μέρος τοῦ κόσμου καὶ συνῳδὸν αὐτὸ πᾶσι τοῖς ἄλλοις μέρεσι ποιεῖν, μηδεμιᾶς [αὐτῶν] ἐκμελείας ἐν τοῖς οὖσι θεωρουμένης, ἀλλὰ καὶ τὴν τῶν χρόνων πρὸς ἀλλήλους συμμετρίαν ἐπ' ἄκρον ὡς ἐν
68 ῥυθμοῖς τηροῦντος αὐτοῦ καὶ τὰς τῶν ζῴων φωνὰς | ὡς αὖ τοὺς τῶν ἄλλων σωμάτων ψόφους, οἳ διὰ τὸ ξηραίνεσθαι χρησίμως ὑπὸ τὸν ἀέρα ἀποδίδονται, καὶ δαιμονίως ἡρμόσθαι πρὸς τὰς ἀκοὰς ποιοῦντος. ἀπὸ ταύτης δὲ τῆς ἀρχῆς καὶ Μουσηγέτης ἐκλήθη καὶ ἐπίσκοπος καὶ αὐτὸς παιδείας μετὰ τῶν Μουσῶν ἐνομίσθη·

9–10 ἢ … κύκλου] cf. Cleanth. *Stoic.*, *SVF* 1,542 ‖ **10–18** μουσικὸς … ποιοῦντος] cf. Cleanth. *Stoic.*, *SVF* 1,503

1 Δῆλον *σ* (δῆσον G) *φ*: δήλην *λ*Z: δήληνον *ρ* ‖ **2** αὐτῷ C ‖ **3–4** εὑρεθέντος τοῦ ἐν Δελφοῖς μαντείου τὸν Ἀπόλλωνα Schm.: εὑρεθὲν τὸ ἐ. Δ. μαντεῖον τῷ Ἀπόλλωνι codd. ‖ **4** προσωνόμασε *λ*ZQ ‖ **5** τοὺς ἀνθρώπους ἐρχομένους *φ* **6** καὶ om. *π* ‖ **7** μεσαίτατον P*κ*V^{e} | ἀναδεδομένης V^{1}L*φ* ‖ **9–10** ἢ … κύκλου del. Lang ‖ **12** συνῳδὸν Os.: σύνοδον codd. (συνοδὸν P) | αὐτὸ Schm: αὐτὸν codd. **13** αὐτῶν] αὐτὸν Z*κ*: αὐτοῦ *π*: del. Schm. ‖ **14** ἐπ' ἄκρον V^{2} mg. *φ*: ἀπ' ἄκρων V^{1}*π*: ἀπ' ἄκρον LZ ‖ **15** δὲ φωνὰς C | ὡς αὖ τοὺς Arn. (ad *SVF* 1,503): ὧν (ὢν *κ*) αὐτὸς *λ*Z*ρφ*: καὶ τοὺς (τὰς N^{4}) *σ*: καὶ ὡσαύτως τοὺς Lang ‖ **16** οἳ διὰ] ἢ διὰ Z*ρ*: διὰ *σ*: ἰδία *φ* | ξηραίνεσθαι] fort. κραδαίνεσθαι Lang ‖ **16–17** χρησίμως … ἡρμόσθαι om. *κ* ‖ **16** ὑπὸ om. G: ὑπ' αὐτοῦ Arn. (ad *SVF* 1,503) **17** ἀποδιδόντος *σ*: παραδίδονται Q: παραδίδωσι καὶ C | καὶ δαιμονίως *σ*C: δαιμονίαν cett. ‖ **18** ποιεῖ C | ἀπὸ ταύτης] ἀπ' αὐτῆς C ‖ **19** ἐπίσκοπος] Μουσῶν ἐπίσκοπος Schm. | αὐτὸν Z: αὐτὸ Q: om. C | παιδείας V^{2}: παι$^{\delta}$ *λ*ZQ: παίζειν *π*C

ἐκ γάρ τοι Μουσέων καὶ ἑκηβόλου Ἀπόλλωνος
ἄνδρες ἀοιδοὶ ἔασιν ἐπὶ χθονὶ καὶ βασιλῆες

– φησὶν ὁ Ἡσίοδος. διὰ τοῦτο γὰρ καὶ ἱερὸς αὐτοῦ ὁ κύκνος τῷ μουσικώτατον καὶ λευκότατον ἅμα εἶναι τῶν ὀρνέων, ὁ δὲ κόραξ ἀλλότριος διά τε τὸ μιαρὸς εἶναι καὶ διὰ τὴν χροιάν. ἡ δὲ δάφνη καίπερ δαφοινή τις οὖσα στέμμα αὐτοῦ ἐστιν, ἐπειδὴ εὐερνές τε καὶ ἀειθαλὲς φυτόν ἐστι· τυγχάνει δὲ καὶ εὐέκκαυστος οὖσα καὶ πρὸς τὰς καθάρσεις οἰκεῖόν τι ἔχουσα, ὥστε μὴ ἀλλοτρίως ἀνακεῖσθαι τῷ καθαρωτάτῳ καὶ καυστικωτάτῳ θεῷ. τάχα δὲ καὶ τὸ ὄνομα αὐτῆς, προστρέχον πως τῷ διαφαίνειν, ἐπιτηδείαν αὐτὴν ἐποίησε πρὸς τὰς μαντείας | εἶναι δοκεῖν. ὁ δὲ τρίπους διὰ 69
τελειότητα τοῦ τῶν τριῶν ἀριθμοῦ δέδοται αὐτῷ· δύναται δὲ καὶ ἀπὸ τῶν τριῶν παραλλήλων κύκλων, ὧν ἕνα μὲν τέμνει κινούμενος τὴν ἐνιαύσιον κίνησιν ὁ ἥλιος, δυοῖν δ᾽ ἐφάπτεται. ἐπεὶ δ᾽ ἐν τοῖς λοιμοῖς ὡς ἐπίπαν δοκεῖ τὰ θρέμματα πημαίνεσθαι πρῶτον καὶ συνεχέστερον καθ᾽ αὑτὰ φθείρεσθαι λοιμικῶς, κατὰ τοῦτο καὶ τὴν τῶν ποιμνίων ἐπιμέλειαν ἀνέθηκαν αὐτῷ, νόμιον καὶ λύκιον καὶ λυκοκτόνον προσαγορεύοντες. ἀγυιεὺς δ᾽ ἐκλήθη δεόντως ἱδρυθεὶς ἐν ταῖς ἀγυιαῖς· καταυγάζει γὰρ ταύτας καὶ πληροῖ φωτὸς ἀνατέλλων, ὡς ἐκ τῶν ἐναντίων εἴρηται τὸ

δύσετό τ᾽ ἠέλιος σκιόωντό τε πᾶσαι ἀγυιαί.

1–2 ἐκ … χθονὶ] Hes., *Th.* 94–5 ‖ **2** ἐπὶ … βασιλῆες] cf. Hes., *Th.* 95–6 (ἐπὶ χθόνα καὶ κιθαρισταί, / ἐκ δὲ Διὸς βασιλῆες) ‖ **21** δύσετό … ἀγυιαί] Hom., *Od.* 2,388

1 τοι Μουσέων Os. (cf. Hes., *Th.* 94): τοι Μουσάων codd. (Μουσάων *μ*) ‖ **2** ἐπὶ χθονὶ V^2: ἐπὶ χθόνα N^2: καταχθόνιοι cett. (-σι antea) ‖ **3** αὐτοῦ V^2: αὐτῷ *σκ*: αὐτῶν cett. ‖ **4** εἶναι eras. V^2 ‖ **5** χροιάν *σφ*: χρόαν V^2: χρείαν *λZρ* ‖ **6** εὐεργές C ‖ **7** ἀειθαλὲς] ἀειδὲς V^{1}L | ἔκκαυστος *ρ*: εὐέκκαυστός τις C Os.: εὐέγκαυστός τις *κ* ‖ **8** οἰκείως G*κ* ‖ **10** προστρέχον B^2: προτρέχον *λσφ*: προτρέχων Z*ρμ* πως τῷ] πρὸς τὸ G | διαβαίνειν *λZρφ* ‖ **15** πημαίνεσθαι B^2*τ*: ποιμαίνεσθαι *ρ*: ποιμαίνεται cett. ‖ **16** συνεχέστερον codd.: συνεχὲς ἕτερον Schm.: συνεχέστερον ἢ Lang | καθαυτὰ Z: καθ᾽ αὐτὰ A^m | φθείρεται *λZφ* | λοιμικῶς] λοιμίθας G: ὡς λύκῳ Schm.: del. Lang ‖ **18** ἐκλήθη] ἐπωνομάσθη *φ* (ἐπονομάζεται *κ*) ‖ **19** δεόντως] πρεπόντως Schm. | ἱδρυνθεὶς N^3*φ* ‖ **20** τοῦ ἐναντίου C ‖ **21** δύσετό τ᾽ ἠέλιος *μ* Hom.: δύνοντός τ᾽ ἠελίοιο *ω* | σκιόωντός LZ: σκιόωνταί *π* (-όον- G)

καὶ λεσχηνόριον δ' αὐτὸν προσηγόρευσαν διὰ τὸ τὰς ἡμέρας ταῖς λέσχαις καὶ τῷ ὁμιλεῖν ἀλλήλοις συνέχεσθαι τοὺς ἀνθρώπους, τὰς δὲ νύκτας καθ' ἑαυτοὺς ἀναπαύεσθαι. Παιᾶνα δ' αὐτὸν ἐκάλεσαν εἴτουν κατ' ἀντίφρασιν καὶ ἐξιλαστικῶς, ἵνα μὴ νόσους αὐτοῖς ἐπιπέμπῃ μηδὲ φθείρῃ τὸν ἀναπνεόμενον ὑπ' αὐτῶν ἀέρα, εἴτε καὶ
70 ὡς τῷ ὄντι τοῦ αὐτοῦ ὑγιείας τῷ σώ|ματι αἰτίου γινομένου διὰ τῆς τοῦ περιέχοντος εὐκρασίας.

[33] Κατ' ἀκόλουθον πάλιν τὸν Ἀσκληπιὸν υἱὸν αὐτοῦ ἔφασαν γενέσθαι, τὸν δοκοῦντα τοῖς ἀνθρώποις ὑποδεδειχέναι τὴν ἰατρικήν· ἐχρῆν γὰρ καὶ τούτῳ τῷ τόπῳ θεῖόν τι ἐπιστῆσαι. ὠνομάσθη δὲ ὁ Ἀσκληπιὸς ἀπὸ τοῦ ἠπιοῦσθαι καὶ ἀναβάλλεσθαι τὴν κατὰ τὸν θάνατον γινομένην ἀπόσκλησιν. διὰ τοῦτο γὰρ δράκοντα αὐτῷ παριστᾶσιν, ἐμφαίνοντες ὅτι ὅμοιόν τι τούτῳ πάσχουσιν οἱ χρώμενοι τῇ ἰατρικῇ κατὰ τὸ οἱονεὶ ἀνανεάζειν ἐκ τῶν νόσων καὶ ἐκδύεσθαι τὸ γῆρας, ἅμα δ' ἐπεὶ προσοχῆς ὁ δράκων σημεῖον, ἧς πολλῆς δεῖ πρὸς τὰς θεραπείας. καὶ τὸ βάκτρον δὲ τοιούτου τινὸς ἔοικεν εἶναι σύμβολον· παρίσταται γὰρ δι' αὐτοῦ ὅτι, εἰ μὴ ταύταις ταῖς ἐπινοίαις ἐπεστηριζόμεθα ὅσον ἐπὶ τὸ συνεχῶς εἰς ἀρρωστίαν ἐμπίπτειν, κἂν θᾶττον τοῦ δέοντος σφαλλόμενοι κατεπίπτομεν. λέγεται δ' ὁ Χείρων τετροφέναι τὸν Ἀσκληπιὸν κἀν τοῖς τῆς ἰατρικῆς θεωρήμασιν ἠσκηκέναι, τὴν
71 κατὰ τῶν | χειρῶν ἐνέργειαν τῆς τέχνης ἐμφαίνειν αὐτῶν βουλομέ-

1–3 καὶ … ἀναπαύεσθαι] cf. Cleanth. *Stoic.*, *SVF* 1,543

1 λεσχηνόριον δὴ (δ' V^2) *λ*: λεσχηνάριον δ' *b* ‖ **2** τῷ om. *σ* ‖ **3** ἐκάλεσαν Eud.: καλέσαντες codd. ‖ **4** καὶ ἐξιλαστικῶς] ἐξιλαστικῶς ZC: ἐξιλαστικόν *π* **5** ἐπιπέμπῃ Stud.: ἀναπέμπῃ codd. | ὑπ' αὐτοῦ C ‖ **6** ὡς τῷ ὄντι V^2: ὡς αὐτῷ ὄντι *λ*Z*ρφ*: ἐν αὐτῷ τῷ ὄντι *σ* | ὑγείας codd. (fort. ὑγιείας M^1) | γινομένου Q: γενομένου *λb*: γινομένῳ (αἰτίῳ γ.) C ‖ **7** εὐκρασίας V^{2}C^2: ἀκρασίας cett. **8** κατακόλουθον *b*: κατὰ τὸν ἀκόλουθον P ‖ **10** τούτῳ τῷ τόπῳ C: τούτῳ τῷ πόθῳ V^2 mg. *θ*: τούτου τῷ τόπῳ *λ*ZQ: τούτου τῷ πόθῳ *ρτ* ‖ **11** ἠπιοῦσθαι ci.: ἐτῶσθαι *λ*Z*φ*: ἐσκλῆσθαι *σ*: εσθαι *ρ*: ἠπίως ἰᾶσθαι Lang: τὸ ἐσκλῆσθαι Schm. **13** παριστῶσιν codd. (παρίστησιν E) | ἐμφαίνοντες *Ξ*: om. *ω* ‖ **15** προσεχὴς Q: προσεχὲς C ‖ **16** ἧς] οἷς *φ* | πρὸς] παρὰ Q: περὶ C ‖ **18** ὅτι] ὄντι *λ* (ὅτι V^2) **18–19** ὅσον ἐπὶ τὸ] ἐπὶ τὸ C: om. *σ* ‖ **19** συνεχὲς *φ* | εἰς … ἐμπίπτειν] εἰς ἄρρωστον ἂν ἐμπίπτειν Q: ἂν εἰς ἄρρωστον C ‖ **20** κατεπίπτωμεν L*θ*Q: καταπίπτωμεν Z*ρτ* (-ομεν G^1: -ωμεν G^2): -οιμεν Schm. | δὲ Q ‖ **21** τῆς om. Z*ρτ* | ἰατρικοῖς G | ἠσκηκέναι om. *φ* Os. ‖ **22** κατὰ V^2 (cf. *LSJ* A.II.7): διὰ P Os. Schm.: cett. def. ‖ **22–59,1** κατὰ … γυνὴ *Ξ*: om. *ω* ‖ **22** αὐτὸν Os.: del. Schm.

νων. παραδέδοται δὲ καὶ γυνὴ τοῦ Ἀσκληπιοῦ, Ἠπιόνη, τοῦ ὀνόματος οὐκ ἀργῶς εἰς τὸν μῦθον παρειλημμένου, δηλοῦντος δὲ τὸ πραϋντικὸν τῶν ὀχλήσεων διὰ τῆς ἠπίου φαρμακείας.

[34] Ἡ δ' Ἄρτεμις φωσφόρος μὲν ἐπωνομάσθη διὰ τὸ καὶ αὐτὴ σέλας βάλλειν καὶ φωτίζειν ποσῶς τὸ περιέχον, ὁπόταν μάλιστα πανσέληνος ᾖ, δίκτυννα δ' ἀπὸ τοῦ βάλλειν δεῦρο τὰς ἀκτῖνας –δικεῖν γὰρ τὸ βάλλειν – ἢ ἀπὸ τοῦ διικνεῖσθαι τὴν δύναμιν αὐτῆς εἰς πάντα τὰ ἐπὶ γῆς ὡς δικτύννης αὐτῆς οὔσης. κυνηγέτιν δ' αὐτὴν καὶ θηροκτόνον καὶ ἐλαφηβόλον καὶ ὀρεσίφοιτον παρεισήγαγον ἤτοι τρέπειν εἰς τὰ ἄγρια βουλόμενοι τὴν ἐξ αὐτῆς βλάβην ἢ ἐπειδὴ μάλιστα νυκτὸς καταφαίνεται, πολλὴ δ' ἐν τῇ νυκτὶ ἡσυχία πανταχοῦ καθάπερ ἐν ταῖς ὕλαις καὶ ταῖς ἐρήμοις ἐστίν, ὥστε ἐν τοιούτοις τισὶ χωρίοις αὐτὴν πλάζεσθαι δοκεῖν, ἔξωθεν ἤδη τούτῳ προσπεπλασμένου τοῦ κυνηγετεῖν αὐτὴν τοξότιν οὖσαν. συνῳδὸν δὲ τούτῳ καὶ τοὺς κύνας ἱεροὺς αὐτῆς νομισθῆναι πρός τε τὰς θήρας ἔχοντας | ἐπιτηδείως καὶ ἀγρυπνεῖν 72
ἐν ταῖς νυξὶ καὶ ὑλακτεῖν πεφυκότας. κυνηγίᾳ δ' ἔοικε καὶ τὸ μὴ διαλείπειν αὐτὴν ὁτὲ μὲν διώκουσαν τὸν ἥλιον ὁτὲ δὲ φεύγουσαν, εἶτα ἐν τῷ ζῳδιακῷ μετερχομένην ζῴδια καὶ ταχέως συνιοῦσαν· οἰκεῖον γὰρ κυνηγίᾳ καὶ τὸ τάχος· προσγειότατόν τε τῶν οὐρανίων οὖσαν αὐτὴν περὶ τὰς κορυφὰς τῶν ὀρῶν ἔφασαν ἀναστρέφεσθαι. οὐχ ἑτέρα δ' οὖσα αὐτῆς ἡ Ἑκάτη τρίμορφος εἰσῆκται διὰ τὸ τρία σχήματα γενικώτατα ἀποτελεῖν τὴν

1 Ἠπιόνη V¹LZ: Ἠπιόνην *π* (Ἠπι- B) *φ* ‖ **2** παρειλημμένον Q ‖ **3** ἠπίου *λ*Z*ρτ*: τοῦ ἠπίου C ‖ **5** αὐτὴ V²*b*: ἐν αὐτῇ *λ*: αὐτὴν *φ* | φωτίζειν] φροντίζειν Q ὁπόταν V²C: ὁπότε cett. ‖ **6** δίκτυννα *ThGL*: δίκτιννα *λb*Q: δικτῖνα C | δ' ἀπὸ Ξ: δ' αὐτὴ λέγεται (δ' αὐτὴν λέγουσιν C) ἀπὸ *ω* | δεῦρο codd.: om. Lang **7** δικεῖν Schm.: δίκειν codd. ‖ **8** τῆς γῆς *π* | δικτίννης *λb*Q: -τίνης C: διικτύννης Lang ‖ **9** κυνηγέτην *φ* (-ιν *κ*) | δ' om. *π* ‖ **10** παρεισάγονται *κ* (-ουσι *μ*) | τρέπειν] πρέπειν Z*ρ* ‖ **10–11** βουλόμενοι … αὐτῆς] βουλόμενοι post αὐτῆς G ‖ **11–12** πολλὴν … ἡσυχίαν V¹L ‖ **11** δὲ *φ* ‖ **12** καὶ ταῖς ἐρήμοις V²: ἐν τ. ἐρήμοις *λ*: καὶ ἐν τ. ἐρήμοις (-αις *φ*) *δ* ‖ **13** τοῖς τοιούτοις *κ* | χωρίοις V²*φ*: χώραις V¹*b*: χώραν L | δοκεῖ *φ* (δοκεῖν *κ*) ‖ **14** τούτῳ Ξ: τούτου *ω* ‖ **15** τοξότην LBR | συνοδὸν *φ* (-ῳδὸν *κ*) | τὸ τοὺς Os. Lang | αὐτῆς V²C: αὐτῇ cett. ‖ **17** νυξὶ] γυναιξὶ *κ* | κυνηγίᾳ V*ρ*: κυνηγία LZB: κυνηγητικὴ *φ* (-γε- *κ*): κυνηγεσίᾳ Gale Schm. | τὸ] τῷ *φ* (τὸ *κ*) ‖ **19** ζῴδια … συνιοῦσαν] καὶ συνιοῦσαν ταχέως τὰ ζῴδια C ‖ **20** οἰκεῖον V²: οἰκεῖ *λ*Z*φ*: ἔοικε *π* | γὰρ τῇ *φ* | κυνηγία ZB: καὶ κυνηγία L: τῇ κυνηγίᾳ (-γεσίᾳ *μ*) *κ* | προσγειότατόν *λb*: -οτάτην *φ*: -ότητά V² ‖ **20–22** προσγειότατόν … ἀναστρέφεσθαι del. Lang

σελήνην, μηνοειδῆ γινομένην καὶ πανσέληνον καὶ τρίτον τι ἄλλο σχῆμα πλάττουσιν ἀναλαμβάνουσαν, καθ' ὃ πεπλήρωται μὲν αὐτῆς ὁ μηνίσκος, οὐ πεπλήρωται δ' ὁ κύκλος. ἐντεῦθεν ἤδη καὶ τριοδῖτις ἐπεκλήθη καὶ τῶν τριόδων ἐπόπτης ἐνομίσθη διὰ τὸ τριχῶς μεταβάλλειν ὁδεύουσα διὰ τῶν ζῴων. τοῦ δ' ἡλίου διὰ τῆς ἡμέρας μόνον φαινομένου, αὐτὴν καὶ νυκτὸς καὶ σκότους ὁρωμένην καὶ μεταβάλλουσαν νυχίαν τε καὶ νυκτιπόλον καὶ χθονίαν ἐκάλεσαν καὶ τοῖς καταχθονίοις θεοῖς ἤρξαντο συντιμᾶν, δεῖπνα ἐμφέροντες αὐτῇ. προσανεπλάσθη δὲ τούτῳ καὶ τὸ μιαίνειν τὴν
73 γῆν ταύτην [καὶ μιαίνειν] | ὥσπερ τοὺς κατοιχομένους καὶ τὸ ταῖς φαρμακίσι συνεργεῖν καὶ ἐπάγεσθαι ταῖς οἰκίαις, εἶτα τελευταῖον τὸ πένθεσι καὶ φόνῳ χαίρειν, ἐξ οὗ τινες προήχθησαν ἐπὶ τὸ καὶ θυσίαις αὐτὴν ἀτόποις καὶ σφαγιασμοῖς ἀνθρώπων ἱλάσκεσθαι θέλειν. καθιέρωσαν δὲ καὶ τὴν τρίγλαν αὐτῇ διὰ τοὔνομα. ἐνοδία δέ ἐστιν οὐ δι' ἄλλο τι ἢ διὸ καὶ Ἀπόλλων Ἀγυιεύς. δοκεῖ δὲ τοῖς πλείστοις ἡ αὐτὴ εἶναι καὶ Εἰλείθυια, ἀπαύστως εἰλουμένη καὶ θέουσα περὶ τὴν γῆν, ἣν εὔχονται ἐλθεῖν αὐταῖς ἠπίαν καὶ λυσίζωνον αἱ ὠδίνουσαι, λύουσαν τὸ ἐσφιγμένον τῶν κόλπων πρὸς τὸ ῥᾷον καὶ ἀπονώτερον ἐκπεσεῖν τὸ κυισκόμενον, λεγομένης αὐτῆς καὶ Ἐλευθοῦς. πλείους δ' Εἰλείθυιαι παραδέδονται καθ' ὃν λόγον πλείους Ἔρωτες· πολύτροποι γὰρ καὶ οἱ τοκετοὶ τῶν γυναικῶν ὡς

1 μεινοειδῆ *b* (μηνο- B^2: μονο- G) C (μηνο- *κ*) | γινομένην Schm.: γενομένην codd. | τριττόν *b* ‖ **1–2** ἄλλην σχέσιν *φ* ‖ **2** πλάττουσιν del. Lang ἀναλαμβάνουσαν *Ξ*: ἀναλαμβάνεσθαι *ω* | καθ' ὃ Vill.: καθὸ codd. ‖ **3** αὐτῇ *φ* δ' ἤδη *κ* ‖ **4** τριοδῖτις *Ξ*: τριοδίτης *ω* | ἐπόπτις V^2*κ* ‖ **5** ζῳδίων *σ* | δὲ *φ* **5–6** τῆς ἡμέρας V^{2}C: τὰς ἡμέρας cett. ‖ **6** καὶ^1 del. Os. | ὁρωμένου Q **7** μεταβάλλουσαν del. Schm. (sive μεταβαλόντες scr.) ‖ **8–9** ἤρξαντο … αὐτῇ] ἤρξαντο συντιμᾶν post αὐτῇ *κ* ‖ **9** μιαίνειν Schm.: μιαίνεσθαι codd.: μαίνεσθαι Reinh. ‖ **9–10** τὴν γῆν ταύτην Lang: τὴν εὔα ταύτην codd. (τὴν εὔαν τ. *τ*: τὴν εὐάγωγον τ. B^3: τὴν διὰ τ. Scri: τῇ νεύσει τ. K: lac. *μ*): τὴν αὐτὴν Gale: τὴν γῆν αὐτὴν Schm.: τὴν νύκτα αὐτὴν Reinh.: γῆν διὰ ταύτην Os. ‖ **10** καὶ μιαίνειν del. Schm. ‖ **11** φαρμακείαις *π*: φαρμακέσι *φ* (-ίσι *κ*): ἐπῳδαῖς Gale ad loc. | ταῖς οἰκίαις] ἐπῳδαῖς Schm. ‖ **12** τὸ τοῖς πένθεσι κ. τῷ φόνῳ Os. ex P (τοῖς π. κ. τῷ φ.) | ἐπὶ τὸ καὶ] ἐπὶ τὸ G: καὶ τὸ *φ* ‖ **13** ἱλάσκεσθαι] ἁλίσκεσθαι G ‖ **14** τὴν om. *φ* ‖ **15** διὸ V^2: διότι *σ*: διὸς cett. | Ἀπόλλων V^2*σ*: Ἀπόλλωνος cett. | δὲ τοῖς] δὲ καὶ *κ*: δὲ καὶ τοῖς Os. ‖ **16** καὶ Εἰλείθυια] τῇ Εἰλειθυίᾳ *σ* εἱλουμένη VG ‖ **17** θύουσα *λZρφ* | ἐλθεῖν om. *b* | αὐταῖς B: αὐτῇ L | ἠπίαν GQ: ἡπίαν cett. ‖ **18** λύσουσαν Luc. ‖ **19** ἐκπεσεῖν *Ξ*: πεσεῖν *ω* (ποιοῦσαν πεσεῖν C) **20** καὶ πλείους Os. ‖ **21** καὶ om. C αἱ τῶν ἐρώντων ἐπιθυμίαι. φανερῶς δ' ἡ σελήνη τελεσφορεῖσθαι τὰ συλλαμβανόμενα ποιεῖ καὶ ταύτης ἐστὶ τό τε αὔξειν αὐτὰ καὶ τὸ ἀπολύειν τῶν φερουσῶν πεπανθέντα. οὐ θαυμαστὸν δ' εἰ κατ' ἄλλην μὲν ἔμφασιν παρθένον ὑπενόησαν τὴν Ἄρτεμιν ἄχραντον καὶ ἁγνὴν οὖσαν ὁμοίως τῷ ἡλίῳ, κατ' ἄλλην δὲ ἐπίκου|ρον τῶν 74 τικτουσῶν, ἐπ' αὐτῇ κειμένου τοῦ εὐτοκεῖσθαι τὰ τικτόμενα, κατὰ τρίτην δὲ φρικῶδές τι καὶ χαλεπὸν ἔχουσαν, οἵαν ἔφαμεν περὶ τῆς Ἑκάτης ὑπόνοιαν εἶναι.

[35] Τελευταῖον δὲ τὸν δεχόμενον τὰς ψυχὰς τῶν τελευτώντων ἀέρα Ἅιδην, ὡς ἔφην, διὰ τὸ ἀειδὲς προσηγόρευσαν. μὴ φαινομένων δ' ἡμῖν τῶν ὑπὸ γῆν, ἐκεῖσε χωρεῖν τοὺς διαλλάττοντας διεβόησαν. Κλύμενος ὁ Ἅιδης λέγεται τῷ αἴτιος εἶναι τοῦ κλύειν· ἀὴρ γὰρ πεπληγμένος ἡ φωνή. εὔβουλον δὲ καὶ εὐβουλέα κατὰ ἀποδυσπέτησιν ὠνόμασαν αὐτὸν ὡς καλῶς περὶ τῶν ἀνθρώπων βουλευόμενον διὰ τοῦ παύειν αὐτούς ποτε τῶν πόνων καὶ τῶν φροντίδων. ἐπονομάζεται δὲ ἐπιθετικῶς καὶ πολυδέκτης καὶ πολυδέγμων καὶ πολύαρχος πολλούς τε δεχόμενος καὶ τῶν λεγομένων πλειόνων ἢ πολλῶν ἄρχων. πυλάρτην δὲ αὐτὸν ὁ ποιητὴς προσηγόρευσεν ὡς ἀκριβῶς ἡρμοσμένας τὰς πύλας ἔχοντα καὶ μηδένα ἀνιέντα. ὁ δὲ Χάρων ἴσως μὲν κατ' ἀντίφρασιν ἐκ τῆς χαρᾶς ὠνομάσθη· δύναται δὲ καὶ ἀπὸ τοῦ χωρεῖν [ἢ τοῦ χανδάνω] τὸ ἔτυμον ἔχειν [ἢ ἀπὸ τοῦ κεχηνέναι]. ὁ δὲ Ἀχέρων ἀπὸ τῶν γινομένων ἐπὶ τοῖς τετελευτηκόσιν ἀχῶν προήχθη καὶ ἡ Ἀχερουσία

18–19 πυλάρτην … προσηγόρευσεν] cf. Hom., *Il.* 8,367

1 αἱ τῶν om. *φ* | φανερῶν *κ* (-ρὰ Ald): φαίνεται Schm. (postea ποιεῖν pro ποιεῖ, εἶναι pro ἐστὶ l. 2) ‖ **1–2** ποιεῖ τὰ συλλαμβανόμενα L*δ* ‖ **2** ἐστὶ τό τε V²: τότε C: ποτὲ Z*ρ*Q: εἶναί ποτε *σ*: πρὶν *λ* ‖ **3** ἀπολλύειν *κ* | τῶν φερουσῶν V²*σ*: καὶ τὸ φανερῶς C: τῶν φανερουσῶν cett. | πεπανθέντα] πεπονθέναι *φ* ‖ **4** παρθένον] ἀρχαίαν *κ* ‖ **7** οἷον *κ* ‖ **9** τῶν τελευτώντων V² mg. (ᾅδου mg. etiam) M: ᾅδου P: om. cett. ‖ **10** ἔφησαν *φ* ‖ **11** χωρεῖν τοὺς διαλλάττοντας] χωρούντων διαλλάττοντα C ‖ **12** διεβόησαν Ξ: ἐβόησαν *ω* | Κλύμενος] Κλύνιος *b* | ὁ om. V (add. V²) | Ἅιδης] αὐτὸς *φ* ‖ **13** εὐβουλέα *π*C: εὐβουλαία *λ*ZQ: εὐβουλαίαν V² **15** βουλομένων *φ* | τοῦ] τὸ C ‖ **16** post ἐπι (ἐπι|θετικῶς) def. *κ* | πολύδεκτος *φ* **16–17** πολυδέσμων Z*ρ* ‖ **18** πλειόνων] πλείονας *σ* ‖ **21** δὲ om. G | τοῦ χωρεῖν Lang: τῆς χώρας codd.: τοῦ χωρῶ Schm.: τοῦ χωρέω Os. | ἢ τοῦ] ἤτοι Os. ad loc. | ἢ … χανδάνω del. Lang | χανδάκω Z: χανδάκου A^{m}*σ*: χανδάκη T **22** ἔχων V¹LZQ | ἢ … κεχηνέναι del. Schm. | κεχηκέναι Os. ‖ **23** προήχθη V: προσήχθη cett.: παρήχθη Lang ‖ **23–62,1** καὶ … λίμνη del. Lang

λίμνη, φανερὸν δὲ πόθεν καὶ ὁ Κωκυτὸς καὶ ὁ Πυριφλεγέθων τὴν
75 κλῆ|σιν ἔσχον, πάλαι καιόντων τοὺς νεκροὺς καὶ κωκυτὸν ἐγειρόντων τῶν Ἑλλήνων, διὰ τοῦτο καὶ δαίμονας αὐτοὺς ἀπὸ τοῦ κεκαῦσθαι καλούντων. ἡ δ' ἄορνος λίμνη φυσικώτερον ἴσως ἀπὸ τοῦ ἀέρος προσηγορεύθη· καίτοι καὶ τὸν σκότον ἔσθ' ὅτε καὶ τὴν ὁμίχλην ἀέρα οἱ παλαιοὶ ἐκάλουν, εἰ μὴ νὴ Δία οὕτως ἀπεχρήσαντο τῇ τοῦ ἀέρος γλαυκότητι ὡς καὶ τῶν λεγομένων φασγανίων οἷς στέφουσι τὸν Πλούτωνα. στέφουσι δὲ αὐτὸν καὶ ἀδιάντῳ πρὸς ὑπόμνησιν τοῦ αὐαίνεσθαι τοὺς τελευτῶντας καὶ μηκέτι τὸ διερὸν ἴσχειν, στέρεσθαι δὲ τῆς παραιτίας τοῦ διαπνεῖσθαι καὶ θάλλειν ἰκμάδος. ἐντεῦθεν ὑπονοητέον καὶ τοὺς ἀλίβαντας μεμυθεῦσθαι ἐν Ἅιδου εἶναι διὰ τὴν τῆς λιβάδος ἀμεθεξίαν τῶν νεκρῶν. οἰκείως δὲ τοῖς κατοιχομένοις καὶ ὁ νάρκισσος ἔχειν ἔδοξε καὶ τῶν Ἐριννύων ἔφασαν αὐτὸν στεφάνωμα εἶναι, προσεδρεύσαντες τῇ παραθέσει τῆς νάρκης καὶ τῷ οἷον διαναρκᾶν τοὺς ἀποθνήσκοντας.

76 Οὕτω δ' ἂν ἤδη καὶ τἆλλα τῶν μυθικῶς παρα|δεδόσθαι περὶ θεῶν δοκούντων ἀναγαγεῖν ἐπὶ τὰ παραδεδειγμένα στοιχεῖα, ὦ παῖ, δύναιο, πεισθεὶς ὅτι οὐχ οἱ τυχόντες ἐγένοντο οἱ παλαιοί, ἀλλὰ καὶ συνιέναι τὴν τοῦ κόσμου φύσιν ἱκανοὶ καὶ πρὸς τὸ διὰ συμβόλων καὶ αἰνιγμάτων φιλοσοφῆσαι περὶ αὐτῆς εὐεπίφοροι.

11–12 ἀλίβαντας … νεκρῶν] Sch. Pl., *ad R.* 387c Gr.

1 λίμνη ταὐτὸν Schmidt (cf. Apollod., *FGrH* 244 F 102 a(2)1) | ὁ^{1} … καὶ^{2} om. *φ* ‖ **2** ἔσχε *φ* ‖ **3–4** διὰ … καλούντων del. Schm. ‖ **4–15** ἡ … νάρκης om. *φ* (post καλούντων lac. [8 l.] Q) ‖ **6** εἰ μὴ νὴ Δία] οὐ μὴν ἰδίαν G **6–7** ἀπεχρήσατο *b* ‖ **7** ἄορος (ἄορος ἐγγύτητι) Reinh. | γλαυκότητι Schm.: ἐγγύτητι codd.: παχύτητι vel ὑγρότητι Os. ad loc. (ad φασγανίων) σπαργανίων vel σπαργάνων Gyr. ‖ **8** οἷς add. Schm. | καὶ ἀδιάντῳ *Ξ*: τῷ ἀδιάντῳ *ω* ‖ **9** ἀβαίνεσθαι *Zρ*: ἀναίνεσθαι G | τὸ add. Schm. ‖ **10** διαπνεῖσθαι *Ξ*: ἀνακαινίζεσθαι *ω* (ἀνακαινίσθαι Z) | θάλλεσιν Z ‖ **11–12** ἐντεῦθεν … νεκρῶν del. Lang ‖ **11** ὑπονοητέον *Ξ*: om. *ω* | τὸν ἀλίβαντα Z: Ἀλίβαντα *π* μεμυθεῦσθαι τόπους Imm. (i. e. τοὺς ἀλίβαντας μεμ. τόπους ἐν Ἅιδου) ex Sch. Pl., *ad R.* 387c ‖ **11–12** ἐν Ἅιδου εἶναι διὰ V^{2}: καὶ *λZρ* (*Zρ* post μεμ. interp.): διὰ *σ* (post μεμ. interp.) ‖ **13** τῶν Ἐριννύων Os. (cf. Eust., *ad Hom. Il.* 1,138,12-14): τὴν Ἐριννύα *λ*Z: τὴν Ἐρίννυν *π* (τῆς Ἐριννύος B^{2}: Ἐριννῦν G) ‖ **14** αὐτῷ *π* | στεφάνωμα εἶναι] στεφανωθῆναι Gale (τὴν Ἐριννὺν … αὐτῷ antea) προσεδράσαντες *λZρ* ‖ **15** τῷ om. *φ*: τὸ P ‖ **16** ἤδη] εἴδη Z: εἰδέναι *π*: εἴη Q: om. C | μυθικῶς V^{2}*π* (μυθικῶν A^{m}: μυθικῶς ὡς N^{4}): μυθικῶν ὡς *λ* (ὡς om. L) Z: μυθικῶν καὶ *φ*: μυθικῶν καὶ μυθικῶς Vill. ‖ **17** παραδεδεγμένα V^{1}LQ: παραδεδομένα *σ*: παραδεδομένα περὶ θεῶν *ρ* | στοιχεῖα om. *π* ‖ **18** οἱ^{1}] ὡς *φ* διὰ πλειόνων δὲ καὶ ἐξεργαστικώτερον εἴρηται τοῖς πρεσβυτέροις φιλοσόφοις, ἐμοῦ νῦν ἐπιτετμημένως αὐτὰ παραδοῦναί σοι βουληθέντος· χρησίμη γὰρ αὐτῶν καὶ ἡ ἐπὶ τοσοῦτον προχειρότης ἐστί. περὶ δὲ ἐκείνων καὶ περὶ τῆς θεραπείας τῶν θεῶν καὶ τῶν οἰκείως εἰς τιμὴν αὐτῶν γινομένων καὶ τὰ πάτρια καὶ τὸν ἐντελῆ λήψῃ λόγον οὕτω μόνον ὡς εἰς τὸ εὐσεβεῖν ἀλλὰ μὴ εἰς τὸ δεισιδαιμονεῖν εἰσαγομένων τῶν νέων καὶ θύειν τε καὶ εὔχεσθαι καὶ προσκυνεῖν καὶ ὀμνύειν κατὰ τρόπον καὶ ἐν τοῖς ἐπιβάλλουσι καιροῖς καθ' ἣν ἁρμόττει συμμετρίαν διδασκομένων.

1 καὶ V^{2}δ: om. λ | ἐξεργαστικώτερα N^1: ἐξεργαστικωτέρων N^{3}N^4 **2** ἐπιτετμημένως G: ἐπιτομικῶς V: ἐπιτετιμηκῶς ρF: ἐπιτετμηκῶς cett. **4** περὶ^2 om. Lφ | τῶν θεῶν θεραπείας φ | οἰκείων π ‖ **6** οὕτως λQ ‖ **7** τε om. σ **8** κατὰ τρόπον] καὶ ὃν τρόπον Schm. | καὶ^2 om. C | ἐν τοῖς] ἐν οἷς Schm. ἐπιβάλλουσι codd.: ἐμβάλλουσι Lang | καθ' ἣν] καθ' οὓς C: καὶ καθ' ἣν Schm. ‖ **9** ἁρμόττει … διδασκομένων] ἁρμοδιώτατον φ (ἁ. ἐστιν C)

INDEX VERBORVM

Hic includuntur tantum nomina propria, nomina gentium atque epitheta.

INDEX LOCORVM

www.ingramcontent.com/pod-product-compliance
Lightning Source LLC
Chambersburg PA
CBHW060820310726
48980CB00002B/361

* 9 7 8 3 1 1 0 3 5 0 3 3 3 *